总主编◎张颢瀚　汪兴国

人文社会科学通识文丛

关于圣经的100个故事

100 Stories of Bible

林彦麒◎编著

南京大学出版社

图书在版编目(CIP)数据

关于圣经的100个故事 / 林彦麒编著. — 南京 ：南京大学出版社，2018.9(重印)
(人文社会科学通识文丛 / 张颢瀚，汪兴国主编)
ISBN 978-7-305-12056-5

Ⅰ. ①关… Ⅱ. ①林… Ⅲ. ①《圣经》—故事—青年读物②《圣经》—故事—少年读物 Ⅳ. ①B971-49

中国版本图书馆CIP数据核字(2013)第317923号

本书经上海青山文化传播有限公司授权独家出版中文简体字版

出版发行 南京大学出版社
社　　址 南京市汉口路22号　　邮　　编 210093
网　　址 http://www.NjupCo.com
出 版 人 左　健

丛 书 名 人文社会科学通识文丛
总 主 编 张颢瀚　汪兴国
执行主编 吴颖文　王月清
书　　名 关于圣经的100个故事
编　　著 林彦麒
责任编辑 李鸿敏　　编辑热线 025-83593947

照　　排 南京南琳图文制作有限公司
印　　刷 江苏扬中印刷有限公司
开　　本 787×960 1/16 印张14 字数261千
版　　次 2014年1月第1版　2018年9月第3次印刷
ISBN 978-7-305-12056-5
定　　价 38.00元

发行热线 025-83594756　83686452
电子邮箱 jryang@nju.edu.cn

前 言

《圣经》既是基督教的经典著作，也是想象力丰富、引人入胜的文学瑰宝。至今已被译为2197种语言，有十几亿人把《圣经》当作灵性生命的宝典和上主启示的泉源。

《圣经》更是一部年代久远的历史手卷，记载了圣贤、先知、使徒、诗人、民族英雄以及平民与上主在一起的宗教经历和体验。他们在走过了人生伟大的旅程之后，或以口述的方式，或以文字记录，把自己对生命的体验和感悟深刻地记录下来。这部生命之书，既充满了理想，又根植于现实；它以神明为中心，同时也迸发出了人道的精神。

《圣经》里面，记载了许多故事，这些故事里蕴含的智慧恍如棕榈树林里的风声、旷野中的天籁。纯朴的人可以听到福音的呼唤，热爱生命的人可以感受到天国的慈光。

本书选取了《圣经》里面流传最广、最值得阅读、最具代表性的100个故事，将这些故事奉献给读者。

通俗易懂是这本书的最大特点。这些故事由于是在特定的时代背景下写成的，里面蕴含了一些宗教观点和教义。一般读者直接从《圣经》里面阅读这些故事，就会觉得艰涩、难懂。所以本书在编写过程中，编者查阅了大量资料，将这些语句之间的联系、内在的宗教观点和教义，通俗易懂地叙述出来，让读者看得明白，读着简单。

《圣经》中的某些故事，具有超越宗教意义之外的普遍哲理。比如寡妇给圣殿捐钱，生动说明了“善心的价值不在于捐献多少，而在于善心的真诚”；圣徒保罗是一个恶徒，在上帝的感化下成了宣扬福音的圣徒。保罗转化之后，人们依然对他敬而远之，唯独巴拿巴对他关爱、友善。这说明了在人际关系中，我们要心怀善心，要给那些犯过错误的人以改正的机会。有鉴于此，编者尽量不囿于故事中的宗教意义，而是将视野放开，将故事中的道理和人生的哲理结合起来，使人读后耳目一新，受益匪浅。

对于一些平时闻所未闻的知识，书中也有详尽的介绍。如撕裂衣服和往头上撒灰代表什么？“肘”指的是什么意思？“贺梅珥”又指的是什么意思？读者可以在阅读中感受到古犹太人的历史风貌和风俗习惯，不知不觉学到很多新鲜的知识。

“诺亚方舟”是《圣经》里面想象力最丰富、流传最广的故事之一。但是，诺亚方舟真有实物，还是仅仅存在于传说中呢？在书中，你不妨看看《圣经》研究者的探险和考证。一些《圣经》里的故事，在一般人看来，属于虚无缥缈的神话传说；而在一些虔诚的基督教徒和《圣经》研究者眼中，这些故事却真实地存在于久远的历史长河中。

如果你是一个普通的读者，这本书会带给你文学的精华和想象力的翅膀；如果你是一个虔诚的信徒，这本书将带给你通俗易懂的基督教义和教规。无论如何，都是开卷有益的。

目　录

第一编　创世之初

第二编　迦南之路

第三编　士师时代

第四编　君王统治

第五编　耶稣传说

第六编 福音传播

第一编

创世之初

上帝开天辟地创造万物

“创世论”是基督教基本教义之一，是关于世界的创造与维持的教义，来源于《旧约·创世记》，认为世界是上帝创造的，第一天造了光，第二天造了空气，第三天造了地和海并地上的草木，第四天造了日月星辰，第五天造了水里的鱼和空中的飞鸟，第六天造了地上的牲畜、昆虫、野兽和人。第七日上帝歇息，这一天定为圣日。创世论是基督教的核心。

在宇宙天地尚未形成之前，没有天地、没有空气、没有人类万物。一片混沌，一片黑暗。

上帝在混沌黑暗的世界漂游。他想让这个世界有天地、有水、有光亮、有生机勃勃的草木、有灵动活泼的飞鸟走兽、有万物灵长的人类。于是，他决定用六天的时间开天辟地，创造万物。

第一天，上帝说：“要有光！”于是光明在一刹那间产生了，驱走了黑暗。上帝将光与暗分开，称光明为昼，称黑暗为夜。于是天地之间有了白天和黑夜。

第二天，上帝望着混沌的世界说：“水和空气分开！”于是，空气飘浮到了水面之上，空气和水之间，投进了光亮，形成了一个空旷明净的世界。上帝将高远明净的空气，称作“天”。这样，天地的最初形状就形成了。

第三天，上帝望着烟波浩渺的水面说：“地上的水聚集到一起，使旱地露出来！”于是，地上浩渺无边的水汇流到了一起，形成了大海、河流和陆地。上帝看着光秃秃的陆地说：“这样太荒凉了，如果生长了茂盛的青草、果树和蔬菜多好啊！”于是地上便长出了各种各样的植物。

第四天，上帝认为白天和黑夜的长短和交替需要有一定规律，于是他创造出了太阳和月亮。太阳掌管白昼，月亮掌管黑夜，互相轮换，各司其职。上帝还创造了无数的星斗，把它们排列在天幕之中。白天隐去，夜间出现。上帝根据白天、黑夜的轮转，制定了节令、日历和一年四季。

第五天，上帝望着寂静、空旷的天地说：“我希望水中有鱼儿游弋，天空有鸟雀飞翔！”于是，水中生出了鱼虾等生物，天空中有了各种各样的飞禽。

第六天，上帝看着空荡荡的陆地，感到实在太安静、太空旷了。于是他创造出了各种各样的走兽、昆虫和牲畜。寂静的天地热闹了起来，有了勃勃生机。水中有鱼儿安静地游弋、空中有飞鸟悠闲地飞翔、陆地上有走兽快乐地奔跑，上帝看到如此和谐的场景，感到十分快乐。他说："我还要依照我的模样，创造出人类，来管理海里的鱼、天上的鸟、地上的走兽和草木。"于是，上帝用泥捏了一个人的形状，在泥人的鼻孔里面吹了一口气，泥人就变成了活人。这个人就是人类的始祖亚当。

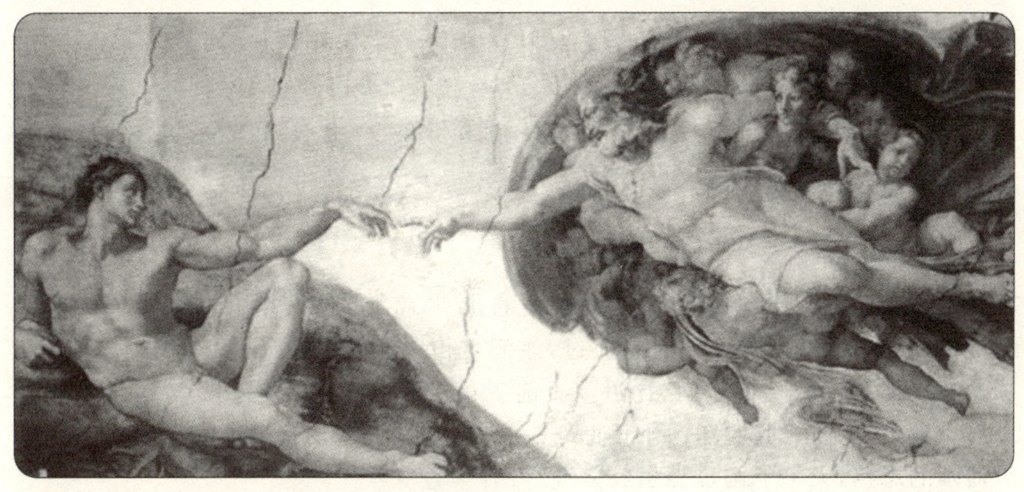

壁画《上帝创造亚当》，米开朗基罗，1508 年创作

上帝本意让人成为万物之灵，就赐福给他们，对他们说："希望你们能够繁衍不息，治理地上的一切，也要管理海里的鱼、空中的鸟和地上各种生物！我将遍地上一切结种子的菜蔬和树上一切结有核的果子，全赐给你们作食物。"

就这样，上帝用了六天的时间创造了世界万物，到了第七天造物的工作已经完成了，上帝开始休息。于是，上帝给第七日赐福，称之为"圣日"。也就是人们工作六天，就要休息一天，因此这一天又称为"安息日"。信徒们到了这一天，都要放下手中的工作去礼拜上帝。一星期有七天，也就来源于此。

《创世记》描述了上帝创造世界和人类始祖的过程。基督教认为，上帝开辟鸿蒙，创造了宇宙万物。正因为他创造了一切，才被说成是至高无上、全能全知、无所不在的唯一真神和宇宙的最高主宰。

亚当和夏娃被逐出伊甸园

基督教是世界三大宗教之一，发源于公元1世纪巴勒斯坦地区的犹太人社会，是信奉耶稣为救世主的各个教派的统称，一般称为“基督宗教”。基督宗教包括天主教、新教和正教以及一些比较小的教派，各派在教义、礼仪、组织和制度等方面有或多或少的差别，但是都以《圣经》(《旧约》和《新约》)为根本经典，以上帝为唯一崇拜对象。

上帝在东方的伊甸，建造了一座美丽的花园，将亚当安置在伊甸园里面。

伊甸园里面有四条河流流淌而过，滋润着伊甸园美丽的土地。这四条河流分别是基训河、希底结、伯拉河、比逊河。前三条河清澈碧绿，水草丰美；最后一条比逊河泛着柔美金黄的颜色，河水里面布满了金子、珍珠和玛瑙。这四条河是上帝对伊甸园的恩赐，天不下雨也能植物繁茂、五谷丰登。

上帝让伊甸园里面长出奇花异草和美丽的林木，林木上面结满了美丽的果子。伊甸园的树木，分为生命树和善恶树。上帝对亚当说：“这些树上的果子，味道鲜美，你可以随便吃。但是你不能吃善恶树上的果子，否则将招致灾祸，必定死亡。”

上帝看到亚当孤单一个人，就说：“你这样独居是不是很烦闷？我造一个配偶陪伴你吧！”在亚当沉睡之际，上帝从他身上抽出一条肋骨，然后轻轻地吹了一口气，亚当的伤口立刻愈合，肋骨变成了女人。亚当醒来看见了这个女人，立刻意识到她与自己的生命有某种神秘的联系，不由得心中充满了快慰和满意，脱口说道：“你是我骨头中的骨头，肉里面的肉，我就把你称作女人吧。女人，就是从男人身上取出来的。”

这个女人，就是亚当的妻子夏娃。亚当和夏娃在和风习习、花香鸟语的伊甸园，无忧无虑、快乐逍遥地生活。他们赤身裸体，却坦然共处。他们没有善恶观念，也没有羞耻之心，更没有非分的欲望，过着天堂般的日子。

伊甸园里面有一种动物，亚当称它为“蛇”。蛇最初人身长尾，还有一对漂亮的翅膀，能在空中飞翔，长得非常美丽。那时候所有的动物都很温驯善良，只有蛇因为有恶灵附体，非常狡猾、邪恶，它对亚当、夏娃美满的生活心怀嫉妒。

一天，蛇爬到夏娃身边，用充满挑衅的声调说道：“难道上帝不允许你们吃树上的果子吗？”心地单纯的夏娃，对蛇的问话丝毫没有戒备，她回答说：“上帝让我们吃生命树上的果子，唯独不能吃善恶树上的果子。上帝告诫我们：贪吃善恶树上的果子，必死无疑！”

拉斐尔(1483—1520年)壁画中的“逐出伊甸园”

蛇听了夏娃的话，用充满诱惑的口吻说道：“善恶树上的果子是可以吃的，吃了你们会变得聪明，眼睛变得明亮、心灵变得通透，你们就会像上帝一样知道什么是善，什么是恶。你们大胆去吃吧！上帝在吓唬你们，根本不会有事的！”

夏娃听了蛇的话，仔细打量着善恶树上的果子，那些果子颜色美丽、飘着清香。她犹豫了片刻，摘下吃了一个；又给亚当摘了一个，亚当也吃掉了。两人吃了善恶果，看到自己赤身裸体，顿时萌生了羞耻之心。他们用无花果的叶子编织成裙子，来遮掩裸露的身体。

上帝得知亚当和夏娃偷吃了禁果，就将他们赶出了伊甸园，让他们去遭受生活的苦难。上帝对夏娃说：“你要饱受怀胎的痛楚，多生儿女多受苦累，一辈子受丈夫管教。”接着又对亚当说：“你也要遭受惩罚，必须终生劳作才能吃饱穿暖。”同时，上帝又给亚当和夏娃限定了寿命，让他们劳作一生，在病痛衰老中死去。诱惑夏娃偷吃禁果的蛇，也受到了惩戒。上帝责罚罪魁祸首的蛇说：“你既然做了这样的事，就必须接受诅咒和惩罚，你将比一切的牲畜禽兽更甚，形体可憎，为人们所厌恶；用肚子行走，终身吃土！”于是，蛇失去了翅膀和人身，变成了一条弯弯曲曲的长虫。

上帝将亚当夏娃赶出伊甸园后，为了防范他们回来偷吃生命树上的果子，变得长生不老，就设立了天使(基路伯)和喷射火焰的刀剑，来守护伊甸园里的生命树。

在基督信徒看来，亚当和夏娃是人类的始祖，亚当是众生之父，夏娃是众生之母。

人类的始祖在伊甸园受到蛇的诱惑，违背上帝的旨意偷吃了禁果，所以被逐出伊甸乐园，到人世间遭受劳作、病痛和死亡的痛苦。这个罪过，成为人类最原始的罪过，被称之为“原罪”，它是基督教最重要的教义之一。在亚当和夏娃后代的所有人身上，都有难以磨灭的“原罪”的痕迹，成为人类一切灾祸和罪恶的根源。上帝让基路伯把守通往伊甸园的路，象征着有罪的人是不能够进入天国的，也不能得到永生，暗示着人类只有通过基督的“救赎”，才能够重返昔日的乐土。

兄弟相残

基督教相传为犹太的拿撒勒人耶稣所创立，基督（Christ），又译作“基利斯督”，意思是“受膏者”。基督教里面的基督是对耶稣的专称，是上帝差遣来的救世主。

亚当和夏娃被上帝逐出伊甸园后，开始了男耕女织的生活。时隔不久，夏娃怀孕了，生下了长子该隐。又过了一段时间，该隐的弟弟亚伯也降生于世。

该隐长大后做了一个农夫，亚伯成为了一个牧羊人。他们看见父亲亚当经常拿礼物献给上帝，也纷纷效仿，拿出自产的物品奉献给上帝。

可是，令该隐不解的事情发生了：上帝面对亚伯献上来的羊和羊脂，满心欢喜；而对自己的农产品，却不屑一顾。该隐对此十分生气，他认为弟弟和自己争宠，夺走了上帝对他的欢心。

有一天，该隐手拿锄头在农田除草，看见亚伯在对面的山坡上放羊。他按捺不住内心的嫉妒，就走过去气势汹汹地质问亚伯：“你是用了什么手段，在上帝面前同我争宠的？为什么一直疼爱我的上帝，只喜欢你的物品呢？”

亚伯说：“我没有和你争宠，我只是用了心。”

该隐冷笑道：“用心？难道我对上帝没有用心吗？”

亚伯说：“哥哥，你大可不必和我争论，静下心来思考一下，对上帝，你是不是真正用心了！”

该隐听了更加生气，用手推搡亚伯。亚伯说：“哥哥，请你不要生气了，在这方面浪费时间，实在不值得。用心去做你喜欢做的事情吧，只要用心，上帝就会高兴。也许你认真去做了，可是你心情烦躁、骄傲或者轻慢，上帝也同样不会高兴。”

被怒气冲昏头的该隐，根本听不进亚伯的劝告。他用力踢了亚伯一脚，亚伯趔趄着后退了一步，跌进身后的沟渠里面，脑袋撞在石头上，晕了过去。该隐还是不解气，拿起锄头将亚伯砸死了，鲜血流了一地。

该隐杀死了弟弟亚伯，用杂草将尸体掩盖了一下，若无其事地继续到农田锄草。他认为自己所做的一切，永远不会有人知道。上帝看到了这一幕，心里悲叹骨肉相残。他来到该隐面前问道：“你看到弟弟亚伯了吗？”

该隐抬头望着对面山坡上的羊群，心里一阵慌乱，故作镇静地说：“我没有看到他，他或许在山坡上放羊呢！”

上帝说：“他没在山坡上放羊。你一定知道他在哪里。”

“我又没有看守我弟弟的义务，我怎么知道他在哪里！”该隐反驳道。

看到该隐这样强硬，上帝不由得发出一阵叹息：嫉妒竟然让人这样堕落！他对该隐说：“你刚才做了什么，难道你不知道吗？你弟弟的血，在向我哀告；大地也浸染了他的血，你必须受到惩罚。从此以后，你将居无定所，四处漂泊，土地也不会再给你丰足的衣食，你将饱受贫寒饥饿！”

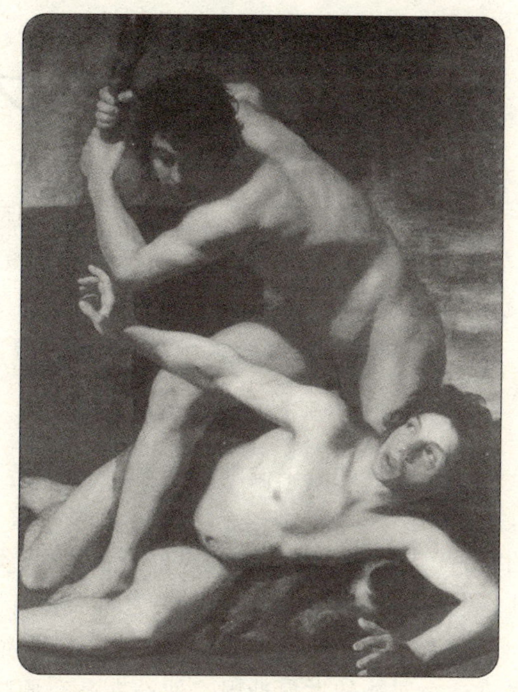

该隐杀亚伯

该隐见上帝如此神通，十分害怕。他匍匐在上帝的脚下哀求道：“我杀死了我的亲弟弟亚伯，罪孽深重，甘愿受到惩罚。你把我从这片土地上赶出去吧，我愿意遭受饥寒和流浪。凡见到我的人，都有权利因为我的罪恶而杀死我。”

但是，上帝还是宽恕了该隐的罪恶，他要该隐经历苦难来悔改，不想让别人杀了他，于是在他身上做了一个记号，并说：“杀该隐者，必遭七倍的报应。”

该隐离开了上帝，开始了被放逐的生活。后来他在伊甸园以东，一个叫挪得的地方住了下来，在那里生了以诺，以诺又生了子孙，家族日渐兴盛起来。

按照《圣经》的说法，亚当的长子杀死了次子，是人类历史上第一宗凶杀案，也开了骨肉相残的先河，人类血腥的杀戮史由此开端。罪恶和仇恨之火，开始在人的心中蔓延，烧去了良善、理智。

“本罪”是基督教教义用语，区别于“原罪”。本罪又称为“现犯罪”，指的是除了原罪之外，个人自己违背上帝旨意所犯的罪。该隐杀死亚伯，就是“本罪”。

上帝的威严中还带着仁慈和体恤，即便对待该隐这样一个大恶的人，上帝还保留他的生命，给他悔改的机会。

诺亚方舟

公元395年，罗马帝国分裂为东罗马和西罗马，基督教也开始分裂为东正教（自称正教）和罗马公教（自称公教），两个教派都自称是基督教的正统。罗马教皇（教宗）是罗马公教最高领导者，而君士坦丁堡牧首则是东正教的首领。到1054年，东部教会和西部教会互相宣布把对方宗主教驱逐出教，象征着罗马公教和东正教正式分道扬镳，史称基督宗教大分裂。

亚当和夏娃由于偷吃了禁果，被上帝逐出伊甸园。之后亚当活了930岁，和夏娃生了很多子孙后代。亚当的后人遍布整个大地。亚当的长子该隐杀死弟弟亚伯，揭开了人类互相残杀的序幕。从此，人类逐渐滋生了仇杀、怨恨、憎恶、掠夺、争斗、嫉妒等暴力和罪恶。这种罪恶年复一年演变增加，达到了无以复加的地步。

上帝对人类的这种罪孽，感到忧伤和愤怒，他后悔创造了人类万物，决定用洪水将这个罪恶的世界冲毁。他站在高空俯瞰人间，自言自语道："我要将所有的人、走兽、昆虫和飞鸟，全部从地上灭除！"

但是，上帝又舍不得将所有的生物毁灭。他希望留下新的人类和物种，让他们认识到自己的罪恶，改过自新，重新建立一个美好、善良的理想世界。

亚当的后裔中，有一个人叫诺亚。诺亚生了三个儿子，名叫闪、含和雅弗。在上帝看来，诺亚是一个"义人"，他品性善良，没有人类那种固有的罪恶。诺亚安守本分，他经常告诫周围的人，及早停止作恶，从罪恶强暴的生活中脱离出来。可是人们对他的劝诫不以为然，照样我行我素，作恶享乐。诺亚看感化不了周围的人，只好尽心尽力将自己的三个儿子教育好。三个儿子在诺亚的严格教育下，没有随波逐流误入歧途。

在灭除人类和动物之前，上帝决定留下诺亚全家，包括诺亚夫妇二人和他的三个儿子、儿媳，让他们肩负起繁衍新人、建立新世界的重任。上帝对诺亚说："现在这个世界败坏了，凡是有气血的人，都成了罪恶的泉源。他们的生命都走到了尽头，我要将他们和大地全部毁灭。你现在就动手，用歌斐木造一个大方舟。"

上帝告诉了诺亚造方舟的办法：方舟要分上中下3层，长300肘，宽50肘，高30肘，方舟的门开在侧边。7天之后，洪水将在大地上泛滥，凡是有血肉、有气息的活物，都要被毁灭。上帝告诫诺亚和他的妻子、儿子和儿媳，一同进入方舟躲过劫难。

为了保全物种，建立新世界，上帝叮嘱诺亚说："干净的牲畜，每样带上 7 对公母，不干净的每样带上一对；空中的飞鸟每样带上 7 对；地上的昆虫，每样带上两只，留作衍生后代的种子。你要备足粮食，当作你全家和这些动物的食品。"

诺亚听了上帝的话，带领全家开始建造方舟。他们走进森林，砍伐了一株最大的歌斐树木，将歌斐木枝桠砍去，按照上帝的旨意，日夜不停修建方舟。第 6 天，方舟建成了，诺亚将上帝叮嘱的飞禽走兽、昆虫飞鸟捉进方舟避难，放入了足够的食物和水；诺亚全家也进入方舟，等待大灾难的来临。

2 月 17 日，正是诺亚 600 岁的生日。这天早晨，天色灰暗，狂风四起，霹雳声不断。一声惊天动地的巨响，大地开裂，河流、泉源沸腾奔涌，洪水喷射，在大地上泛滥；与此同时，天河决堤，大水从敞开的天窗中直泄而下。

壁画《大洪水》，米开朗基罗 1508 年至 1509 年创作

沸腾的大水迅速覆盖了大地，冲毁了家园，大地上的生灵在洪水中挣扎、毁灭。大雨整整下了 40 昼夜，地上水势浩大，淹没了高山峻岭。大水的深度，比世上最高的山还要深 15 肘。水势整整蔓延了 150 天，诺亚方舟水涨船高，随着洪流漫无目的地漂移。

上帝惦记着方舟里面的诺亚全家和飞禽走兽，让风吹过来，水势一点点消落；将地上的泉源和天上的河堤全部关闭，大雨停止了。7 月 17 日那天，诺亚方舟停泊在亚拉腊山上。水一点点消退，十月初一，水落山出。

又过了 40 天，诺亚打开方舟的窗子，放出了一只乌鸦，让它探看地上的水是否干了，乌鸦一去不复返，盘旋飞舞一直到水干；诺亚放出了一只鸽子，地上满是积水，鸽子没有落脚的地方又飞了回来；又过了 7 天，诺亚再次放飞鸽子，晚上鸽子飞回来了，衔回了一片橄榄叶。诺亚知道地上的水退了。

在诺亚 601 岁的时候，正月初一那天，诺亚将方舟上面的盖子去掉，地面上没有了水渍；2 月 17 日那天，地面全干了。

上帝吩咐诺亚说："你和你的妻子、儿子、儿媳可以从方舟里面出来了。你所带的飞鸟、昆虫、牲畜和走兽也可以出来了。你们可以在大地上滋生后代，兴旺发达了。"

于是，诺亚全家和幸存下来的物种，走出了方舟。而诺亚全家，成为新人类的始祖。

在这个故事里，上帝叮嘱诺亚制造方舟的时候，用了一个特殊的长度单位"肘"。《圣经》时代，人们用手肘至手指尖的距离作为长度单位，称为一肘。《旧约》时代一肘约相当 44.5 厘米，《新约》时代的一肘约等于 55.5 厘米。

由于鸽子衔橄榄叶给诺亚带来了洪水消退的喜讯，所以后人用鸽子和橄榄枝来象征和平。

在《圣经》传说和现实世界之间，诺亚方舟一直被人们所争论、研究。从古至今，很多《圣经》考古学家都希望揭开"诺亚方舟"这个千古之谜。

《圣经》故事中说，诺亚方舟搁浅在亚拉腊山上。近年来，又流传了另一种说法，诺亚方舟很可能因为黑海水位暴涨而沉入黑海海底。

在《圣经》记载之外，世界各国的古文明，都流传着大洪水和方舟的传说。人们相信，人类和动物之所以延续存活，摆脱上帝的惩罚和愤怒，都是因为那艘船。几个世纪来，各国科学家进行了上百次探险，都没有找到方舟存在的证据。

还有一种说法认为，诺亚方舟成了化石，停留在了亚拉腊山 5 000 米的山峰上。亚拉腊山位于土耳其境内，是一座冰山。在土耳其语中，亚拉腊山被称为"惩罚之山"，山上经常发生山崩、雪崩、地震和火山，游离着大量有害气体。不仅如此，山上的花岗岩会吸引闪电，登山者还要面临被雷击的危险。上世纪 50 年代末，法国探险家弗尔南·纳瓦拉，先后三次登上了亚拉腊山，并且从山上带回来一根木梁，凭借这根用橡木制成的木梁，纳瓦拉断言冰川之下一定有一艘木船，这根木梁就是从船上掉下来的。有研究显示，纳瓦拉带回来的木梁，大约是 5000 年前的遗物；而有些人对这个论断持质疑态度。

关于诺亚方舟的研究和辩论仍在继续，相信不久的将来能揭去罩在方舟上的神秘面纱。

小贴士

郭士立（1803—1851），又译郭实腊，生于波美拉尼亚，汉学家，是德国教会传入华南的开创人。1831 年首次进入中国沿海，1851 年死于香港。

郭士立十分有才学，除母语德文外，他还通中文、日文、荷兰文，对中国官话和广东、福建的方言也有相当的了解。他还会马来语、暹罗语，曾将《新约》中的《路加福音》和《约翰福音》翻译成暹罗语。他一生著述 80 多种，领域涉及经济、历史、地理、科技、金融各个方面。

迦南诅咒和巴比伦的来历

16 世纪，德国、瑞士、荷兰、英国和北欧等地发生了宗教改革运动，它产生出脱离天主教会的基督教新教教会。领导人物是马丁·路德、加尔文等人，他们建立了新教和圣公会，脱离了罗马天主教。中国所称的"基督教"，基本上都是这个时候产生的新教。

洪水退去后，上帝和诺亚重新立约，应允以后不再用洪水消灭人类万物，还允许人们吃煮熟的肉。在此之前，上帝只允许人们吃水果和蔬菜。

诺亚做了农夫，带领孩子们开荒种地，饲养牲畜，栽培葡萄，还学会了酿酒。

一天中午，诺亚在新开垦的葡萄园中喝醉了，昏醉中他把自己身上的衣服脱光，赤身裸体地在帐篷里睡着了。迦南的父亲含看见了，走到外面幸灾乐祸地向两个兄弟闪、雅弗描述父亲的丑态。闪和雅弗听了，拿着衣服倒退着走路，来到父亲身边，背对着给父亲盖上衣服。他们始终背着脸，不敢看父亲的裸身。

诺亚醒后，知道了小儿子含做的事情，大发脾气，发下诅咒说："含的后代迦南，必给他的兄弟做奴仆的奴仆！"

洪水过后，诺亚一家在这片土地上繁衍、生息，家族一点点繁盛起来，他们按照宗族，在这片土地上分邦立国。诺亚又活了 350 岁，在他 950 岁那年去世了。

这一年，人们决定向东迁移。他们到了示拿平原，见这里土地平整肥沃，决定在这里定居。那时候，他们的口音和语言都是一样的。在定居过程中，他们发明了制砖的方法，同时也发明了灰泥的替代品——石漆。就这样，他们用烧制的砖和石漆建造了一座城市。

人们为了颂扬、纪念自己的功绩，决定建造一座通天高塔。

高塔很快动工了，人们干劲十足，一层一层往上垒砌，几个月后，已经高不可及。建设塔的举动惊动了上帝，上帝来到世间，观看他们建造的城市和高塔。

参观完城市和高塔后，上帝深有感触："他们都是一样的人，口音和语言都一样。照这样下去做起事情来，力量会很强大，没有他们做不成的事情了！"

上帝害怕人类的智慧挑战他的权威，于是变乱了他们的口音，让他们说不同的语言。人与人之间无法沟通，高塔只好停工了。随后，又有不少人搬出了城市，到另外地方建立邦国。

《巴别塔》，荷兰画家彼得·勃鲁盖尔(1525—1569)所画

后来，人们把那座城市叫作巴比伦，没有修完的高塔称为巴比伦塔。巴比伦就是“变乱”的意思。

《圣经》研究专家认为，裸体在《圣经》中是一种羞耻的行为，往往和性欲联想在一起。诺亚是一位伟大的、有信心的英雄，但是他也会醉酒裸体。而含看见父亲醉酒裸体后，态度轻薄，幸灾乐祸，完全没有对上帝、对父亲应有的敬仰。恶人尽管消灭了，但是罪依然留在人们的心里面。

含的儿子迦南，定居迦南之地繁衍后代。诺亚诅咒迦南族，上帝也知道迦南族会变坏。所以到了约书亚时代，宗教领袖带领以色列人进入迦南，诺亚的诅咒得到了验证。

人们想修建巴比伦塔，直通上天，和上帝比试高低，惊动了上帝，变乱人们的语言。解经专家认为：这说明人类的狂妄自大，只会带来混乱的结局。

故事中的巴比伦塔是宗教意义上的，而历史上的巴比伦塔修建于公元前610年，建筑宏伟，是人类的伟大成就，世界奇迹。

多国之父亚伯拉罕

割礼是上帝与亚伯拉罕和整个以色列民族之间立约的记号。男童出生八天之后，要切除阴茎的包皮。经过割礼的男童，标志着成为了犹太人，永不能反悔。同时，割礼还代表着去除犯罪，洁净心灵。

闪的孙子亚伯兰一家住在吾珥城内，吾珥繁华兴盛，商业发达，环境优美。亚伯兰一家十分富足，成为吾珥城内有名的富翁。亚伯兰家中女仆成群，牛羊牲畜不计其数，金银财宝堆满了宝库。

那时候，人们信奉的不是上帝，而是月神南纳辛。这一天晚上，上帝耶和华对亚伯兰说："你要离开本地、本族、父家，往我所要指示你的地方去。我必使你成为大国。我必赐福给你，使你的名声大，你也要叫别人得福。为你祝福的，我必赐福与他；那些咒诅你的，我必咒诅他。地上的万族都要因你得福。"

亚伯兰聆听了上帝的教诲，毫不迟疑携带家产财宝，和妻子撒莱和侄儿罗得离开了吾珥，照着耶和华的吩咐，踏上了前往迦南的道路。他们途经哈兰，在哈兰停顿了数年。在哈兰，亚伯兰他们辛苦经营，家业日益变得富足强大。这时候亚伯兰的父亲去世了，安葬了父亲后，他又带着家人、财产动身前往迦南。

那一年，亚伯兰七十五岁。

一行人到了迦南示剑城的摩利橡树下。这时候上帝显现在亚伯兰面前，说道："我要将这块地方赐给你的后裔。"亚伯兰感激万分，给上帝筑起了一个祭坛，每天祈祷祭拜。

到迦南不久，天降大灾，迦南赤地千里，颗粒不收。为了躲避饥荒，亚伯兰领着全家到埃及避难。亚伯兰妻子撒莱美貌惊人，埃及法老看上了撒莱，要迎娶她到后宫。亚伯兰害怕招致杀身之祸，对法老谎称他和撒莱是兄妹关系。于是，法老将撒莱迎娶进了后宫，赏赐给了亚伯兰牛羊、骆驼、驴子等牲口不计其数，还赏赐给他很多奴仆。

法老夺走了亚伯兰的妻子，上帝十分生气，降下灾祸给法老全家，法老这才仔细查问，知道撒莱是亚伯兰的妻子。法老责怪亚伯兰："你为什么向我撒谎，说她是你妹妹呢?"因为身犯欺骗大罪，法老将亚伯兰一家驱逐出埃及。亚伯兰带着成群的牛羊和家产，又回到了迦南。

亚伯兰九十九岁的时候，上帝再一次降临到他身边，对他说："我是全能的上帝，你是一个顺服我、信任我的人。我今天和你立约，让你的后裔兴盛强大。"

亚伯兰听了，跪伏在地。上帝继续说道："我要你做多国之父。你的名字不再叫亚伯兰，要叫亚伯拉罕，国度从你而立，君王从你而出。我要与你和你世世代代的后裔坚立我的约，做永远的约，是要做你和你后裔的神。我要将你现在寄居的地，就是迦南全地，赐给你和你的后裔，永远为业。我也必做他们的神。"

就这样，亚伯兰正式改名为亚伯拉罕。随后，上帝对亚伯拉罕说："所有的男子，从出生下来第八天，都要受割礼。凡是不接受割礼的男子，都要从犹太人中排除，因为他违背了和上帝的约定。"

割礼

亚伯拉罕是闪的后代，整个犹太民族都是闪的后裔。到了约书亚统领时期，他们进入迦南之地。

上帝让亚伯拉罕从吾珥到迦南，而他却在中途的哈兰停下定居。《圣经》研究学者认为可能有如下原因：第一，气候不适或者健康不佳，需要调整；第二，可能由于父亲阻拦。亚伯拉罕尊重父亲的意见，等他死后才再次动身。不管何种原因，面对上帝的召唤，他都无条件顺从。正因为如此，上帝才应许亚伯拉罕建立一个大国，让他的后裔得福。

亚伯拉罕一家刚刚到达迦南，就遇上了灾荒。研究者认为，这是上帝在考验亚伯拉罕的信心：在面对饥荒时，有没有对上帝的引领产生怀疑？

迦南面积不大，但在历史上具有很重要的地位。迦南是基督教的起源地，是以色列历史的焦点，在《圣经》时代，被上帝称为流奶和蜜的地方。

亚伯拉罕燔祭独生子

燔祭是人和神之间完全交融的一种敬拜。献上的动物完全焚烧在祭坛上，象征献祭者完全降服在神面前，也象征神完全的接纳。

亚伯拉罕用心信奉上帝，上帝很感动，对亚伯拉罕说："我要赐给你富贵幸福，让你的子孙兴旺发达，让你做多国的父亲，让你的妻子成为多国之母。所有的君王都由她而生。你们夫妇二人，必定富足美满，受后人敬仰。"

于是，上帝给亚伯拉罕妻子撒莱改名为撒拉，并许诺第二年赐福给撒拉，让一直没有生育能力的撒拉生一个贵子。这时候亚伯拉罕和妻子撒拉已经 90 多岁高龄了，年老体衰，尤其是撒拉，月经早已停了。撒拉对于上帝的许诺，并没有十足的信心。

到了上帝许诺的日子，撒拉果然生下了一个男婴，取名以撒，撒拉对此欢喜不已。孩子渐渐长大了，得到了父母无微不至的关怀和爱护。在以撒 16 岁那年，上帝决定对亚伯拉罕做最后的试探。

一天，他命令亚伯拉罕道："你带着你的独生儿子以撒，到摩利亚去，用他来作为燔祭。"

所谓燔祭，也就是将祭品烧毁，不留下一点血肉。上帝的这个旨意，对亚伯拉罕来说是极其残忍的。但是，全心全意信奉上帝的亚伯拉罕，没有一点迟疑。他顺从了上帝的旨意，立刻带着独生子以撒，套上驴车装上燔祭用的木柴，和两个仆人悄悄动身了。他没有声张，没有告诉妻子，害怕妻子阻拦；更没有告诉儿子，担心儿子惊恐。

在路上，父子二人和两个仆人一直走了三天，才看到上帝所指定的地方。亚伯拉罕告诉仆人停下等候，让儿子背着燔祭用的柴，他手拿火种和刀子，两人一起前行。

以撒一边走，一边感到疑惑。他对于燔祭的情形毫不陌生，每次燔祭，父亲总要带上一只上好的羊羔，而这次却两手空空。他忍不住问道："父亲，我们火和劈柴都有了，但是燔祭的羊羔在哪里呢？"

亚伯拉罕说道："我的孩子，上帝会给我们预备燔祭的羊羔的。"

两个人到了燔祭的地方，亚伯拉罕将儿子捆绑住，儿子感到惊恐。亚伯拉罕说

亚伯拉罕燔祭独子

道:“我的儿子,既然上帝让我燔祭你,你要相信上帝的旨意。请你不要害怕,安心去吧!”说罢手拿刀子,就要杀死以撒。这时候,上帝派来的天使从天上喊道:“亚伯拉罕,你不能伤害这个孩子。我现在知道你对上帝心怀敬畏了,你对他,是一心一意的虔诚信奉,没有一点疑问,也没有一点私心杂念。因为我刚才看到,你严格按照上帝的旨意,要将你的独生儿子燔祭。”

亚伯拉罕抬头一看，只见在茂盛的树林里面，拴着一只小羊羔，他欣喜若狂，解开捆绑儿子的绳索，对孩子拥抱亲吻。他和孩子一起牵来羊羔，捆绑杀死，点火燔祭。

这时候天使又来了，说道："上帝已经知道了你的虔诚，你对上帝的信奉是无与伦比的，你必定会成为信心的典范。所以上帝要赐给你无边的福；而且让你子孙繁衍旺盛，多的就像天上的星星、海边的沙子。地上所有的国家，都会享受到你子孙的福气。所有的这一切，都是因为你听从了上帝的话。"

这个故事是《创世记》第 22 章的内容，讲述了上帝对亚伯拉罕的考验，同时也表现出了上帝对于基督徒的绝对权威，表明了"敬畏"和"信心"的重要意义。所以，亚伯拉罕是基督信徒的"信仰楷模"。

无论在信徒还是非信徒之间，"燔祭以撒"都是《圣经》之中争议较多的话题之一。

除了《圣经》之外，古犹太教和伊斯兰教，都把亚伯拉罕奉为"先祖圣徒"。

亚伯拉罕原意为"万民之父"，被认为是犹太人的祖先。《创世记》中记载，亚伯拉罕生于迦勒底的吾珥。广义而言，迦勒底指的是巴比伦，狭义而言，迦勒底意指巴比伦南部。

上帝将撒莱改为撒拉，撒拉是"公主"的意思，表明上帝要实现让撒拉为"多国和多王之母"的约定。亚伯拉罕和妻子撒拉生下了上帝赐予的儿子以撒。以撒原意是"幸福和欢笑"，是以色列民族的始祖。亚伯拉罕和他的使女夏甲也生有一个儿子以实玛利，被认为是阿拉伯人的祖先。

还有一个有趣的现象：在《创世记》第 5 章之前，人们的年龄平均为 912 岁，后来的诺亚也活了 950 岁。而亚伯拉罕的寿命是 175 岁，亚伯拉罕的儿子以撒的寿命是 127 岁。这说明在《圣经》里面，人们的寿命逐渐由传说向现实对接了。

小贴士

理雅各(1815—1897)，是伦敦布道会传教士，英华书院校长，近代英国第一位著名汉学家，曾来华传教。他是第一个系统研究、翻译中国古代经典的人，从 1861 年到 1886 年的 25 年间，将"四书"、"五经"等中国主要典籍全部译出，共计 28 卷。与法国学者顾赛芬、德国学者卫礼贤并称汉籍欧译三大师，也是儒莲翻译奖的第一个得主。

和上帝摔跤的人

犹太教出现后，流传在犹太人中间，而基督教出现于公元1世纪中叶，流传在部分犹太人和外邦人中间。

亚伯拉罕的儿子以撒娶妻利百加。以撒在六十岁时，利百加生下了双胞胎儿子。长子皮肤发红，浑身长毛，就像穿着皮衣一样，取名以扫，也就是“有毛”的意思；次子抓着哥哥的脚跟紧接着生下，取名雅各，也就是“抓住”的意思。

以扫为人勇猛，擅长打猎；雅各为人安静，擅长思考。以撒喜欢吃以扫打来的野味，所以疼爱以扫；而母亲利百加则更加喜欢雅各。

几十年过去了，以撒年老昏花，看不清东西。他将长子以扫叫到面前，说道：“儿子呀，我老了，说不定哪天就不在人世了。你现在就去打猎，做我最喜欢吃的野味。在我有生之年，求上帝降福给你。”

以扫顺从地拿着弓箭，到野外打猎去了。利百加听见了以撒对以扫的许诺，对雅各说道：“你父亲即将祈求上帝降福给你哥哥以扫，你快趁你父亲老眼昏花，假装成你哥哥，让父亲为你祝福吧！”

雅各说道：“我哥哥身上长毛，假如父亲抚摸我知道我假冒哥哥，不但不会给我祝福，反倒会诅咒我。”

高更名作——《雅各与天使搏斗》

利百加说道：“所有的诅咒，我替你承担，你按照我的吩咐去做就是了。”他让雅各牵来新生的羊羔，亲自下厨，做了一锅鲜美可口的羊羔肉汤。随后，她又将羊羔皮披在雅各手臂和脖颈上，让雅各端着羊羔汤给父亲送去。

雅各忐忑不安地来到父亲床前，说道：“父亲，我给您打来野味了。”

以撒说道：“你是以扫还是雅各？”

听到父亲这么问，雅各心里一阵慌张，他强作镇定地说道：“我是您的长子以扫呀，我给您打来野味了，请您品尝，在上帝面前给我祈福。”

以撒满心疑惑，心想：“儿子这次打猎，怎么回来得这么快呢？”他说：“孩子，你过来，让我摸摸你，是不是真的以扫！”雅各伸出手握住父亲的手，父亲抚摸着儿子的胳膊和脖子，疑惑地说道：“你的声音是雅各的声音，手臂却是以扫的手臂。”

雅各听了，心里又怕又急，怕父亲戳破了他的身份引来诅咒。他说道：“我是您的儿子，怎么会欺骗您呢！”

以撒将信将疑，喝了雅各端来的羊羔汤，他亲吻了儿子，然后为他祝福：愿上帝赐给你肥沃的土地、茂盛的庄稼；风调雨顺，物产丰富。你会受到众人的跪拜和侍奉！

雅各收到父亲的祝福，满心欢喜走了出来。时隔不久，以扫打猎回来，得知雅各冒名顶替骗取了父亲的祝福，怒火中烧，决意要杀害雅各。雅各匆匆逃到了巴旦亚兰，找到了他的母舅。

雅各娶了母舅的两个女儿为妻，一晃二十年过去了，雅各思念家乡，决定回去和哥哥以扫化解仇怨。他带着全家走到雅博渡口，将全家打发过了河。这时候远远走来一个形体魁梧的人，对雅各言语不恭，进行挑衅。雅各与他搏斗摔跤，从黄昏一直打斗到黎明。来人打不过雅各，在雅各大腿窝处摸了一下，雅各立刻变成了瘸子。

望着初升的太阳，来人说道：“天亮了，让我走吧。从此以后，你不能再叫雅各了，改名叫以色列吧！”

雅各问来人的姓名，来人笑而不答，给了雅各祝福之后就离开了。后来雅各见到了哥哥以扫，以扫宽容大度，原谅了雅各。

上面这个故事，讲述了“以色列”一词的来历。以色列意思是“和神搏斗的人”。那么，和雅各打斗摔跤的人，也就是上帝了。3000多年以来，以色列人被公认为是亚伯拉罕、以撒和雅各的后裔。雅各是以色列民族早期的第三代祖先。

上帝和雅各整夜搏斗，目的是消磨雅各的心性，让雅各彻底屈服，然后上帝才能给雅各真正的祝福。雅各虽然表面上胜利了，但是上帝“摸了一下他的大腿窝”，雅各成了瘸子。这是给雅各启示：和上帝较劲，永远不会胜利。

所以，这次搏斗，真正的胜利者不是雅各，而是上帝。

雅各作为以色列民族的始祖，他能和上帝整夜搏斗，这直接蕴含了以色列民族坚忍不拔的精神和非比寻常的顽强毅力。

这次搏斗，还有一个风俗流传下来：上帝摸过雅各的大腿筋，因此大腿筋被以色列人称为圣物。在宰杀牲口的时候他们会将大腿筋剔除，因为“圣物不可吃”。

从奴隶到宰相

基督教最初产生于犹太教内部，其教徒参加犹太教的一切活动，与犹太教徒一起在会堂里举行宗教仪式。随着时间的推移，基督教逐渐发展为一种新的世界性宗教。

以色列(雅各)一家在迦南(今巴勒斯坦地区)的伯特利长期居住了下来。以色列一共生了12个儿子，约瑟排名11。

以色列十分宠爱约瑟，约瑟发现大哥流便和姨妈私通，就向父亲告发。父亲严厉惩罚了流便，从此更加喜爱约瑟了。

约瑟仗着父亲的宠爱，慢慢地变得有些飞扬跋扈了。有一天，约瑟向哥哥们吹嘘自己晚上做的梦："我们一起收割麦子，我的麦捆在田地中央，你们的麦捆都围着我的麦捆下跪。"

约瑟得意洋洋的神态，激怒了哥哥们。他们愤怒地质问约瑟："你这是什么意思，难道你要做我们的君王吗？"

约瑟听了，神情不屑地对哥哥们说道："总有那么一天，你们得向我下跪！"时隔不久，约瑟在一次午餐上，当着全家的面炫耀自己的另一个梦："我又做了一个梦，梦见11颗星星和太阳、月亮一起向我下拜！"众兄弟们愤愤不平，以色列说道："你这是什么梦，难道我和你母亲，以及你的兄弟们，都要向你下拜吗？"以色列嘴上虽然这么说，却将约瑟的话记在心里，从此更加溺爱约瑟。

约瑟的得宠、约瑟的告密、约瑟的嚣张，深深激怒了哥哥们。他们心里面憋着一股劲，要找时机狠狠教训约瑟一顿。

约瑟17岁那年，以色列让约瑟的10个哥哥(约瑟的弟弟年龄尚小)出去放羊，却让约瑟在家里玩耍。几天过去了，一直不见他们回来。以色列让约瑟出去寻找，叮嘱约瑟说道："你哥哥们出去了好几天了，一直没有音信，我很担心他们。你出去寻找一下吧，他们可能在示剑地区放牧呢。你一路上小心，打听到他们的消息，赶快回来告诉我。"

约瑟带上干粮，走出家门寻找哥哥们。在旷野中迷路了，在一个好心人的指引下，约瑟找到了哥哥们。哥哥们看见约瑟远远走过来了，认为这是一个报复泄愤的良机，他们密谋要将约瑟杀死。大哥流便不忍心看到骨肉相残，说道："我们教训他

蓬托尔莫(1494—1557)的代表作《约瑟在埃及》

一下就行了,没必要杀死他。他毕竟是我们的胞弟。我们将他捆绑丢在野地的大坑里面,让他受受苦也就行了。”流便的意思是保全约瑟性命,伺机将他解救送回去。

众人听从了流便的建议。约瑟走到近前了,刚要询问哥哥们这几天的情况,没想到哥哥们一拥而上,将他的外衣剥去,捆绑住四肢,丢弃在一个没有水的大坑里面。

面对突发的变故,约瑟十分惊恐。他原以为哥哥们和他开玩笑,一会儿就将自己放开。可是他看见哥哥们坐下来吃午饭,喝羊奶,根本没有放开自己的意思,心里十分焦急。这时候,一队商人赶着驼队走了过来。驼队驮着乳香、香料和没药(一种珍贵的香料),要往埃及去。

约瑟的四哥犹大灵机一动,说道:“我们杀了我们的兄弟,有什么益处呢?不如把他卖给这些商人,既能保全他的性命,我们也能得点实惠,两全其美,何乐而不为呢?”

众人听从了犹大的建议,找来商队的头领,一番讨价还价之后,将约瑟用20舍客勒的价格卖给了商队,商队带着约瑟往埃及去了。约瑟的哥哥们拿着银子,虽然泄愤了，却又担心回去不好和父亲交代。他们商议了一番，将约瑟的衣服撕碎，杀了一只山羊，用山羊血洒在约瑟的衣服上，伪造约瑟被野兽吃掉的假象，骗过了父亲以色列。

约瑟被商队带到埃及后，卖给了法老的护卫长波提乏做奴隶。约瑟在波提乏家尽心尽责，波提乏的妻子贪恋约瑟的俊美，三番两次提出要和约瑟同床共枕。约瑟拒绝了波提乏妻子的非分之想后，她恼羞成怒，诬告约瑟非礼她。波提乏居然听信，将约瑟关入狱中。

约瑟在狱中苦熬了两年多后，在上帝的启示下，法老将约瑟从狱中释放了出来。由于约瑟的雄才大略，法老任命约瑟为宰相，时年约瑟 30 岁。约瑟预言，在经过 7 个丰年之后，天下要有 7 年的大饥荒。于是他广积粮食，以防备饥荒。7 年过去了，大饥荒来了，天下的人都到埃及买粮求生。以色列也派儿子到埃及买粮。约瑟以德报怨，厚待兄弟。这件事情传到了法老耳中，法老极力邀请约瑟父亲全家迁来埃及。

于是，以色列带领全家，来到了埃及定居。不久以色列去世了，去世前将以色列民族分为 12 个支派给儿子们，约瑟在 110 岁的时候也去世了。

约瑟遭受了很多苦，受到了很多不公正的待遇，但是始终没有放弃对上帝的信心。面对逆境，他心里面始终怀有宽容和善良；面对女色的诱惑，他以虔诚纯洁的态度抗拒，终于通过了上帝的考验，被上帝挑选为忠诚的仆人。上帝挑选约瑟作为以色列民族的拯救者，帮助他们度过了大饥荒，以色列民族的 12 个支派才得以完整地保留下来。

《创世记》的故事到此结束。编纂者在《创世记》中，以宗教的观点选择材料，主要论述了以色列民族的历史，全部在上帝的旨意下展开。

小贴士

倪维思(1829—1893)，美国人，基督教北长老会教士。1854 年来华，1861 年到登州传教，次年开办山东第一所女子学校。1871 年到烟台传教，开辟示范农场，引进美国苹果、梨、葡萄和梅等优质树种及栽培技术，并将美国树种与中国树种相嫁接，生产出香蕉苹果。1877 年到临朐县赈灾，捐助救济银 7 600 两。1893 年卒于烟台。

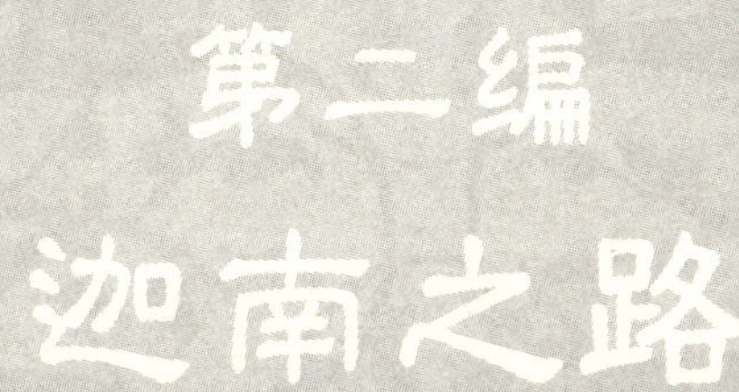

第二编

迦南之路

犹太领袖摩西的诞生

基督教承袭了犹太教的“至高一神”、“救世主”，信仰“先知”和“启示”等观念。但不同的是犹太教敬拜耶和华为“唯一之真神”，认为犹太教徒是耶和华的“特选子民”，而基督教则敬拜耶稣是上帝的儿子，认为凡信奉上帝的人都为其“选民”。犹太教盼望弥赛亚（救世主）降临，认为真正的弥赛亚尚未到来，应继续等待，而基督教则认为真正的弥赛亚已经到来，他就是耶稣。

以色列的后人在埃及的土地上繁衍生长。从以色列带领全家来到埃及定居，此后四百年间，犹太人由原来的七十多人，达到了二百万人。犹太人人丁繁茂，遍布埃及。

埃及法老对犹太人的扩张感到恐惧，而犹太人凭借着聪明能干，积累了大量财富，也招致了本地人的嫉妒。法老召集臣下商议：“你们看，犹太人现在比我们还多，而且还很富有强盛。一旦发生战争等变故，他们会对我们产生威胁，极有可能联合仇敌攻击我们。所以我们要未雨绸缪，先发制人。”

有谋臣给法老出了一个恶毒的主意：从现在起就对犹太人进行限制，用繁重的劳役、严厉的监督来折磨他们的肉体，以便缩短他们的寿命；对犹太男婴进行大屠杀，凡是犹太人刚刚出生的男婴，一律处死。

法老采取了这个建议，于是开始残酷地奴役犹太人，让他们干最苦最累的活儿；法老召来犹太人的两个接生婆，下旨道：“犹太人如果生下男婴，一律处死，女婴可以存活。”接生婆因为敬畏上帝，不敢残害生灵，于是，犹太人更加繁衍生殖。法老见状亲自下令给民众：“凡是犹太人所生的男孩儿，全部丢到河里面淹死；女孩儿可以保留性命。”

有一对犹太夫妇，生了一个儿子，模样十分俊美。他们将孩子在家里藏匿了三个月，由于惧怕法老的命令，取了一个蒲草箱，抹上石漆和石油，将孩子放进箱子里面，扔进了河边的芦苇丛。孩子的姐姐舍不得弟弟，远远观望。

第二天中午，法老的女儿在宫女们的簇拥下来到河边洗澡，看见了箱子里的孩子。孩子对着她哇哇大哭，公主可怜孩子，说道：“这个孩子尽管是犹太人，但是我决定收养他。”孩子的姐姐见状，对公主说：“犹太人的孩子最好找一个犹太人做奶妈，我帮你请一个奶妈好吗？”得到公主应允后，孩子的姐姐将母亲叫来，

摩西被公主救起

做了孩子的奶妈。孩子长大后，奶妈(孩子的亲生母亲)将孩子带到公主面前，公主将孩子认作自己的儿子，并且给他起了一个名字“摩西”，意思是“因我把他从水里拉出来”。

看着摩西一天天成人，奶妈开始给摩西讲解他的身世，以及犹太人的历史。渐渐地，摩西明白，他身上流着的是希伯来人的血统。他看到埃及人残酷对待犹太人，心里面愤愤不平。有一天他看见一个埃及人殴打一个犹太人，他一怒之下杀死了埃及人，逃到米甸，娶了那里祭司的女儿，以放牧为生。在何烈山上，上帝召见了摩西，命他带领犹太人逃出埃及，迁移到流淌着奶和蜜之地的迦南。

但是，埃及法老心硬如铁，任摩西如何劝说、哀告，他坚决不允许犹太人离开埃及。于是，上帝给法老降下十灾。十灾结束后，法老十分恐怖，答应摩西带着犹太人离开埃及。

最早的犹太人被称为希伯来人，意为“渡过河而来的人”。

这个故事出自《出埃及记》。摩西是纪元前13世纪犹太人的先知和最高领袖，是向犹太人传授律法的人，也是《旧约圣经》中《创世记》、《出埃及记》、《利未记》、《民数记》和《申命记》的署名作者，这五卷书常常被称为“摩西五经”。

在埃及语中，摩西被称为“梅瑟”，意思是“儿童”或“儿子”。他的名望和基督教一样，传遍了欧洲大地，就连穆罕默德也将梅瑟崇拜为真正的先知。

摩西劈水横渡红海

基督教承袭了犹太教教会的组织形式及其祈祷、唱诗、读经、讲道等礼拜仪式。但其差别在于犹太教在宗教礼仪中实行“割礼”，强调严格的戒律和繁缛礼仪，而基督教则废除严格的戒律和烦琐的礼仪，实行较为简便的宗教仪式。

上帝给埃及人降临十灾后，法老允许摩西带领以色列人出埃及。以色列人带走了埃及人好多金银珠宝、衣服兵器和牲畜。他们从兰塞出发，向东边的疏割前进。

以色列人在埃及生活了430年，由最初的70多人，发展到现在，成了一个庞大的民族，光步行的男子，就有60多万人。以色列人祖先约瑟的灵车，行进在队伍最前面，灵车木棺中是约瑟的木乃伊，后面是浩浩荡荡的羊群和驼队。整个队伍绵延几十里，十分壮观。上帝在队伍的前面引领，白天他在半空的云柱中；夜间，他祭起一条通天火柱照亮黑夜。在上帝的指引下，以色列人日夜兼程，都想尽早走出埃及的土地。

以色列人出走后，法老又心生悔意。他召集群臣说：“以色列人给我们提供了廉价劳动力，我们可以随意役使。如今他们走了，谁来服侍我们呢？”群臣献计道：“现在趁他们还没有走远，我们派兵把他们追回来，照旧做我们的奴隶。”

法老听从了群臣的建议，亲自带领600辆战车，匆匆地追赶以色列人。拖家带口的以色列人，在红海岸边行进缓慢，很快地被法老的精兵追赶上了。以色列人见法老精兵在漫天灰尘中席卷而来，感到十分害怕。他们纷纷抱怨摩西说：“我们在埃及生活了430年，已经习惯了。我们宁愿回去继续做奴隶，也比在这里被杀死好得多！”

有人的话更加尖刻：“埃及有的是坟墓，我们何必弃尸荒野呢！”

摩西看到人心浮动，安慰他们说：“你们不要害怕，我们是上帝的子民，上帝不会袖手旁观的！”

夜幕降临了，突然从天空垂下漫天迷雾，构成了一道烟雾墙壁，横亘在埃及兵马和以色列人之间。埃及人那边漆黑一片，以色列人这里光明如昼。半夜时分，狂风骤起，刮退了红海海潮。

第二天，在上帝的授意下，摩西将手杖伸进红海，红海浪涛惊天动地，向两侧席卷。一瞬间，一条旱道从红海劈出，旱道两侧的海涛，如墙壁般耸立。以色列人通过旱道，穿越红海走到对岸。

以色列人渡过了红海，上帝撤去了烟雾墙壁，法老见状，暴跳如雷，率领士兵走进红海旱道，继续追赶。上帝从半空射下一道强光将埃及兵马笼罩，埃及兵马骤然受到强光恐吓，陷入混乱之中。对岸的摩西将手杖放入大海，海水渐渐合拢。惊恐的埃及兵马四下乱窜，互相践踏倾轧，全部葬身海底。红海复归平静，埃及兵马的尸体漂浮在海面上。以色列人见状，对上帝充满了敬畏之情。同时，他们也更加信服上帝的使者摩西了。

以色列人胜利了。大家便在海边的旷野里狂欢起来。人们欢天喜地，击鼓奏乐，载歌载舞地唱道：

我要向耶和华歌唱，
因为他无所不能，
将马和骑马的人投在海中。
耶和华是我的力量，
我的诗歌，
也成了我的拯救。
这是我的上帝，
我要赞美他；
他是我父亲的上帝，
我要尊崇他。
耶和华是战士，
他的名是耶和华。
法老的车辆、军兵，
耶和华已抛在海中，
法老特选的军长，
都沉于红海。

渡过红海

带领人们唱歌的是摩西的姐姐米利暗，她手里拿着鼓，一边击鼓一边唱，众人便跟着她唱。尽情欢唱之后，人们便坐下来吃无酵饼，养精蓄锐准备着继续前进。

这个故事彰显了上帝对以色列民族的救赎。以色列人看见上帝向埃及人所做的大事，就敬畏上帝，又信服他和他的仆人摩西。后来，摩西和他的姐姐米利暗带领以色列人向神歌唱，歌颂神对他们的眷顾。他们认识到上帝在掌管一切！

现代的红海位于非洲东北部与阿拉伯半岛之间，是印度洋的附属海。红海是世界上水温温度最高的海，也是含盐量最高的海。

俄罗斯海洋研究专家认为，摩西打通红海旱路，带领以色列人横渡红海的传说，可以用现代海洋学解释。他们认为，摩西打通的旱道，其实是从埃及到红海北岸的一条海上暗礁。这条暗礁走廊，以最短的距离横穿红海。在摩西横穿红海的年代，按照当时的海洋气候，海风以每秒 30 米的速度，整晚吹拂海水，暗礁就会长时间暴露出来，摩西带领以色列人，可以用 4 小时的时间，穿越这个长达 7 公里的海上走廊。一段时间后，海水会重新将暗礁淹没。所以法老的兵马葬身红海，也就不足为奇了。

对于上述解释，一些《圣经》研究专家不以为然。他们认为当时的《圣经》是用希伯来语写的，里面的红海和现在的红海不是同一个，无法确定《圣经》红海的具体位置。而且将数千年前红海暗礁走廊的公里数、海风速度都推算得如此精确，本身就是一件可笑的事情。

小贴士

林乐知(1836—1907)，原名 Young John Allen，美国基督教监利会牧师，著名的来华传教士。他在中国传教达 47 年，影响很大，1907 年在上海去世。

荒漠中的食物和磐石上的清泉

基督教最初作为犹太教内部的一支派别时，守的节日是安息日和逾越节。而当它从犹太教中分离出来后，则改安息日为礼拜日，改逾越节为复活节。

摩西带领以色列人逃到红海对岸后，又走了几天，到了西奈山附近的一个大沙漠。屈指算来，从埃及出走到现在已经六个星期了。

白天，烈日将沙漠炙烤的热浪沸腾；夜间，温度降低，寒风刺骨。在沙漠中行走两天后，他们携带的食物吃光了。看着漫无边际的沙漠，以色列人不由得心生失望。有人抱怨："这样下去，不是渴死，就是饿死。"

有人叫嚷："还不如呆在埃及呢。呆在埃及，我们虽然受人役使，但是有饭吃，有水喝。"

有人埋怨摩西："你把我们带出来，在这个杳无人烟的沙漠，想把我们饿死吗？"

看到以色列人这么短视，没有一点坚韧之心，摩西感到悲伤难过。不过，他还是安慰大家说："你们的苦难和怨气，上帝都知道了。他不会坐视不管的。请你们耐心等待，他一定会给我们送来吃的！"

暮色降临时，忽然从四面八方飞来无数鹌鹑，落在以色列人身边的沙地上，围绕着以色列人游弋、飞舞。饿极了的人们伸手抓取鹌鹑，鹌鹑不躲不闪，任由他们捕捉。以色列人燃起篝火，不一会儿，沙漠上弥漫着烤肉的香气。以色列人吃饱了，心满意足入睡。他们知道，这是摩西祈求上帝的恩赐，他们在梦中呓语，赞美上帝，颂扬摩西。

第二天一早，睡眼惺忪的以色列人，又发现了一个奇迹：在以色列人的帐篷周围，早晨的露水消退后，覆盖上了白雪似的小圆物。他们下意识拿起来品尝，却发现味道甜美，就像他们平时吃的蜜馅薄饼。他们一边吃一边赞叹："这是什么呢！"

摩西说道："这是上帝的恩赐！"

人们于是取"这是什么呢"最后两个字的谐音，将这些小圆物称之为"吗哪"。

就这样，每天早晨，吗哪就会覆盖在沙漠上，以色列人将这些食品收集在一起，按照自己的饭量，用俄梅珥量过之后，恰好够一天食用。收集多了留到第二天，就会生虫变臭，而且摩西也会发怒。

天降吗哪

第六天，摩西告诉人们："你们可以收集两倍的食物，因为第二天就是安息日了，上帝要休息。"并且指派亚伦说："你拿一个罐子，盛满一俄梅珥吗哪，敬奉上帝，世代留存。"

食品问题解决了，但是以色列人又面临着缺水的危机。干渴折磨着他们，他们又心生不满："有了吗哪饿不死我们了，但是还会渴死！我们还不如留在埃及受苦呢！"

"我们都快渴死了，我们的父母儿女、牛羊骆驼也要渴死了！"

"有没有水喝呀，可怜可怜我们吧！"

人们干裂的嘴唇一张一合，抱怨声此起彼伏。暴怒的人们迁怒于摩西，捡起身边的石头要砸死他。摩西向上帝求救，上帝指使摩西将人们带到何烈山下。摩西用手杖击打何烈山下的磐石，磐石一声巨响裂开，一股清泉喷涌而出。焦渴的人们蜂拥而上，手捧清泉喝了个痛快。

上帝将以色列人救出埃及、走出红海，又在沙漠给他们特别的恩典。上帝令摩西指引以色列人，出埃及、走红海、进沙漠，历尽凶险，目的是要强调是上帝自己指引着以色列人的航向，而不是按照个人的意志行事。

上帝给以色列人降下吗哪，而且只许储备一天的食用，目的是培养他们对上帝的信心，让他们依靠，第二天不会失约，源源不断地供给；而且到第六天，也就是安息日的前一天，会给他们预备下双倍的食品。在安息日，上帝祝福摩西将吗哪世代保留，是为了说明，以色列人的生活，是需要依靠上帝的，信徒对于上帝，要有十足的信心，要虔诚顺服。

上帝吩咐摩西用手杖击打磐石，磐石喷洒出清泉，表明了人的福气是上帝赐予的，上帝能为绝望的人开拓生的希望。

总而言之，灾难的设置和化解，是上帝反复试验子民的信心，不断让他们趋于温顺、拜服。

小贴士

狄考文(1836—1908)，著名来华传教士，美国北长老会牧师。1864 年到山东省，开始传教生涯。不久在山东创办一所学校，招收家庭贫穷的学生。狄考文对数理学科有很高的造诣，编写并翻译了许多教材，在中国教育界享有很高的威望。1908 年狄考文在山东省的青岛去世，他在中国从事传教事业达 40 多年。

大战亚玛力人

基督教不限制其教徒与外族人通婚，而犹太教则规定其教徒不能与未受割礼的外族人通婚。犹太教徒以耶和华的“选民”自居，外族人归化犹太教者必须领受割礼。

摩西敲击磐石流出清泉后，安营扎寨准备休整。还没有安顿好，听见远处一阵人喊马嘶声。原来，深居沙漠、凶暴好战的亚玛力人冲了过来，要抢夺他们的财物、女人，霸占他们的水源。

刚刚躲过数重劫难的以色列人，面对气势汹汹的亚玛力人，露出了惊慌失措的神色。摩西镇定自若，叮嘱人们不要惊慌，他自有妙法。他指派年轻力壮的以色列青年，建造防御工事，使亚玛力人一时难以冲进来。

摩西吩咐助手约书亚，挑选强壮的青年男子组成临时战队，准备迎战亚玛力人；又对哥哥亚伦、助手户珥说道：“明天我要拿着上帝的手杖，站在何烈山顶上指挥战斗，你们两人在山顶上协助我。”

第二天一早，摩西和亚伦、户珥上了山顶，约书亚带领临时组建的军队，冲了出去和亚玛力人厮杀。摩西手臂举起来，以色列人就占了优势，一旦手臂不胜劳累放下，亚玛力人就反败为胜占了上风。就这样反反复复，从早晨一直战到黄昏。约书亚带领临时军队，顽强拼杀，毫不退缩。厮杀声、刀枪撞击声，将原本荒凉冷漠的何烈山震得摇摇欲坠。

到了最后，摩西实在是疲惫不堪了，手臂酸软无力，再也无法举起。亚伦和户珥搬了一块大石头，让摩西坐下，两个人一左一右将摩西手臂举了起来。原本处在劣势的以色列人，立刻精神振作，展开了凶猛反扑，将亚玛力人杀得溃不成军。到了太阳快下山的时候，亚玛力王被约书亚一刀砍死，其余人死的死，逃的逃，以色列人大获全胜。

战斗结束，摩西让人在战场上竖起了一座感恩坛，上面写着“耶和华尼西”，意思是“上帝是我旌旗”。上帝授意摩西，将这一个胜利事件记录在案，并且发誓：“以色列人要世世代代和亚玛力人争战。”

约书亚是以色列人的重要领袖，是摩西的继任者。约书亚第一次在《圣经》中出现，身份是摩西的助手。在这里，我们看出，约书亚对摩西无条件地顺从。此后的诸多事件，约书亚对摩西也是极度顺从的。所以，上帝看中了约书亚，将其确定

大战亚玛力人

为以色列人的领袖。

亚玛力人是雅各哥哥以扫的后裔，是野蛮的游牧民族，是以色列人的死敌，也是魔鬼和情欲的象征。约书亚带领临时军队顽强杀敌，博得了上帝的信任。

这段故事的记述者，将战争的胜败，完全系于摩西的举手行为上。而摩西的举手行为，古人相信上帝的法力，能透过举手产生效力。故事最后设立感恩坛，旨在说明，以色列民族是在上帝管辖下，由松散到联合、由软弱到强大的。

小贴士

丁韪良(1827—1916)，中国近代史上最著名的来华传教士之一，美国北长老会牧师，曾经担任过中国著名教育机构北京同文馆和京师大学堂的负责人。

以色列司法行政的开端

基督教与犹太教采用的纪元不同。基督教采用的纪元亦称公元，以耶稣基督诞生年为公元元年。犹太教原来无纪元，直到马加比时代才采用叙利亚国王塞琉古一世的纪元。

摩西岳父的家乡米甸，距离何烈山不远。得知摩西带领以色列人大胜亚玛力人后，摩西岳父、米甸大祭司叶忒罗带着摩西的妻子和两个儿子，来见摩西。

见到久别的亲人，摩西热情款待，向他们讲述上帝的各种救赎，以及路上遭遇的各种苦难。

经历一场大战，以色列人在何烈山下安营扎寨稍事休整。从出埃及至今，以色列民众中大事小事积累了很多，摩西从早到晚处理各种纠纷、案件。上百万人的事务，全部积累到摩西一个人手中，他累得四肢无力，口干舌燥。排队等候的百姓，也显得很不耐烦。他们看着长长的队伍不停抱怨："照这样下去，何年何月才能轮到我们呢？"

叶忒罗在米甸做大祭司，有丰富的管理经验。他认为摩西这样事必躬亲，不管大事小事都参与的做法，费力不讨好。既消耗了自己的精力，也浪费了别人的时间。他向摩西建议说："现在，你需要处理的事情太多了，就像一块巨大的石头，你无法一下子搬走。假如你让很多人参与，分成几块，是不是就轻松搬动了呢？你可以将事情，按照轻重缓急，分成几个类别，从以色列人中挑选有能力的人，让他们去分别处理。这些人要有好的品德，他们必须敬畏上帝，诚实无欺，痛恨不义之财。按照他们的品德和能力，委派他们做千夫长、百夫长、五十夫长和十夫长。你交给他们律例法度，授予他们一定权限。这样，他们能为你分担大部分事务。那些关系到全族的大事、疑难的案件，呈报给你。这样，你也轻松了，百姓的事情，也能及时得到处理。"

摩西听从了岳父的建议，他从民众中选取了有才有德的人，担任不同的官职，上级官员统领下级官员，所有官员在摩西的统领之下。重大的事情，下级官员呈给上级官员，最后报给摩西处理。这样，以色列民族的统治雏形基本形成了，摩西开始了他名副其实的领袖生涯。

这种全新的行政司法组织形式，表明了以色列人政治制度开始萌芽。叶忒罗对摩西的建议，应该是世界上较早关于社会内部分层管理的论述。他说给摩西的那段话，被后世人广泛引用。

摩西对官员的挑选和任命，第一是有才能，第二是有品德，第三是廉洁奉公不受贿赂，“诚实无欺，痛恨不义之财”，符合现代民主政治的诉求。摩西对人事挑选、权力委任、责任分工、权限范围都进行了明确规定，这种做法符合现代管理学的许多原则。

小贴士

李提摩太(1845—1919)，英国浸礼会传教士。1870年来到中国，最初在山东、东北一带传教。1876年，山东发生了大规模的旱灾，李提摩太就到处为灾民募集救灾物款；1878年，山西也发生了灾荒。李提摩太又到山西救灾，并在太原开始传教。李提摩太介绍大量的西方文化来，对中国的维新运动有很大影响。

上帝和以色列人约定十诫

立约是基督教的神学用语，源自犹太教传统。犹太人把自己的经典，称为上帝和人所立的契约，摩西十诫就是立约的一种。

以色列人出埃及三个月后，来到西奈山脚下的一块空地中。这里林木丰茂、水源充足，摩西决定在这里休整几日。于是，男人们砍伐树木搭建帐篷，女人们做饭、纺线、织布，一派生机勃勃的热闹景象。

上帝对摩西说："三天之后我要和你立约。所以你今明两天，要保持清洁，不要亲近女人。第三天我要在西奈山上和你对话，让全体以色列人都能听见，这样能增加你的权威，百姓也会更加信任你。"

约定的日期到了，西奈山上雷声滚滚，阴云密布。以色列人全体集中在山脚下，仰望高山，心里面充满了敬畏之情。摩西上山之前，在山脚下划了一道线，警告人们说道："无论人畜，谁也不能越过这道线，否则必死无疑！"说罢，摩西开始登山。

不一会儿，人们看见西奈山上迸散出浓密的烟雾，上帝在一团烈火中降临到山顶上。山上的烟雾更加浓烈，烈焰罡风在烟雾中忽隐忽现，就像沸腾灼热的砖窑。整个西奈山就像一张无形的大手紧握着摇摆，突然响起了震人心魄的号角声。摩西步履坚定，一步步往山上走，渐渐消失在烟雾中。

登上了西奈山顶峰，上帝给摩西颁发了一系列戒律和法规，所有的以色列人都要遵守，当作他们的生活准则。其中最重要的是十诫，具体内容如下：

第一条，崇拜唯一上帝耶和华而不可祭拜他神。

第二条，不可雕刻和敬拜偶像。

第三条，不可妄称上帝的名字。

第四条，须守安息日为圣日。

第五条，孝敬父母。

第六条，不可杀人。

第七条，不可奸淫。

第八条，不可偷盗。

第九条，不可做假见证陷害人。

第十条，不可贪恋人的房屋，也不可贪恋人的妻子、仆婢、牛驴，与他一切所有的。

除此之外还订立了法典和教规，为建造圣所，制定了柜子、桌子、灯台、幕幔、幕板、祭坛、燃灯、圣衣、胸牌、外袍、祭司的衣冠、香坛、圣膏、圣香等物品的方法。

摩西受领了上帝的教诲，回到山下，将内容教给百姓们听，百姓们一起说道："我们必定认真遵守上帝的吩咐！"

摩西十诫

第二天，在摩西的指挥下，人们在山脚下筑起一座圣坛，立起了十二根柱子，象征以色列民族的十二支派。摩西让一个少年用一头牛来燔祭，称之为平安祭。将牛宰杀后，牛血一半盛在盆里面，一半洒在圣坛上。盆里的牛血，洒在百姓身上，作为上帝立约的凭证。

十诫，也可以称作"十戒"，是上帝和以色列人的领袖、先知摩西，订立的十条约定，作为犹太人的生活准则，也是以色列民族最早的法律条文。

世界上的许多事情，都是有联系的。有研究者认为，摩西十诫和佛教教义有相互对应之处：

第一诫对应佛教的不二法门。

第二诫对应佛教的凡所有相，皆是虚妄。若见诸相非相，即见如来。

第三诫对应佛教的不可未得谓得，未证言证，犯大妄语。

第四诫对应佛教的时时注意返观自心，不要被尘劳迷惑，不可向外驰求。

第五诫对应佛教的上报四重恩，四重恩指天地恩、国家恩、父母恩、佛恩。

第六诫对应佛教的戒杀。

第七诫对应佛教的戒邪淫。

第八诫对应佛教的戒盗。

第九诫对应佛教的不可诳妄。

第十诫对应佛教的戒贪。

金牛崇拜造成的灾难

基督教继承了犹太教的经典，其中包括律法书、先知书、圣录等，并把它称作《旧约圣经》。所不同的是，犹太教还有圣法经传《塔木德》，而基督教则适应时代的发展，编纂了《新约圣经》，以满足传教的需要。

在以色列民族的传说中，有一个惨绝人寰的同族大屠杀。

上帝颁布十诫后时隔不久，再次在西奈山约见摩西。这次与摩西同行的有70名以色列长老，他们在山腰等候，摩西一个人上了山，在山上停留了40个昼夜。上帝授予摩西两块石版，上面镌刻着十条戒律。上帝教给摩西如何设立供奉他的祭坛，如何设立保存圣约的约柜。上帝赐予亚伦最高祭司的称号，这个称号世代承袭，永远相传。

在山腰等待的长老们，又饿又累，困乏无比。他们左等右等，见摩西迟迟不下山，只好返回营地。摩西的哥哥亚伦，担心弟弟遭遇不测，寝食难安。摩西离开了这么长时间，以色列人没有了头领，久而久之，就对上帝的信仰产生了怀疑。百姓认为上帝和摩西抛弃了他们，决定重新供奉起他们在埃及所崇拜的神——牛神。他们簇拥在亚伦帐篷前高声大喊："快点起来吧，摩西不知道出了什么事，我们重新制造一个神像来保佑我们吧！"

面对人们的要求，亚伦左右为难。最后他动摇了对上帝的信仰，答应了百姓的要求。他令人们将金首饰全部捐献出来，点燃一个大炉子，将金子放进炉子里面熔化，几天几夜过去后，金子熔化了，人们用金水浇铸成了一头金牛。

狂热的人们，将金牛安放在营地中间，欢歌热舞。他们仿佛看见从远古就开始崇拜的神像，又回到了他们身边。他们宰杀了一只牛犊，给神像献了燔祭，然后坐下来大吃大喝，狂欢庆典。只有利未人在一旁，带着惊惧的神情，看着眼前的一切。

上帝看到了以色列人的行为，告诉摩西快快下山。摩西回来见状，十分生气，将两块法版摔得粉碎。他命人将金牛焚毁，磨成金粉，洒在水面上让人们喝下去。面对摩西的痛斥，亚伦自我辩解："我也是没办法呀，这些人专门作恶，他们围在我的帐篷前面，逼迫我、围攻我，要我出面给他们制造偶像，我不得不这样做啊！"

摩西对于以色列人的放肆，大为震怒。他举起手杖，高声呼喝："信奉上帝的人，都站到我这边来！"利未人全部聚集到摩西身边，摩西命令他们将那些反叛者全部处死。

于是，一场残酷的杀戮开始了。利未人手持刀剑，将那些崇拜偶像的同族人，无论妇孺老幼全部斩杀，一天之内，有3 000名百姓被杀。一时间，草木含悲，风云变色，景象十分凄厉。

古埃及金牛崇拜

上帝在基督徒信仰中的唯一性，再次在这个故事中得到了体现。“严禁崇拜偶像”，也是上帝十诫中的一条。摩西用3 000名同族的血，惩罚了那些背叛者，用武力重新建立起了他的统治地位的权威。

摩西令利未人斩杀3 000名背叛者，也是上帝的旨意。埃及人是一个多神崇拜的民族，牛神也是其中之一。以色列人和埃及人共同生活了430年，对神，或者是偶像的崇拜根深蒂固。在上帝降临给埃及人的十大灾难中，畜疫之灾打击了埃及人的偶像牛神，没想到其在西奈山旷野死灰复燃，以色列人重新搬出了他们曾经崇拜过的牛神。上帝对这种信仰的背弃，显然是震怒万分。以色列人围绕着牛神偶像，纵情歌舞娱乐，这表现了他们在宗教上的纵淫，这更是上帝所不允许的。

面对这种情况，上帝打算放弃以色列人的选民资格，在摩西的请求下，上帝改变了初衷。这也从另一面表明了摩西对以色列人的重要性。

摩西让人将金牛研碎放入水里让人们喝下，这也是惩罚的一个措施，但这种惩罚方式显然太轻了。上帝要用血的惩罚，来增加以色列人对上帝的敬畏和信心。

这里有必要提一下利未人。利未人充当了杀手的角色。利未人是雅各与利亚的第三子利未的后人，他们对上帝最为忠心，不属于以色列人的十二支派之一，不参与分配土地，被上帝选作侍奉他的支派，负责所有的祭司工作，并向百姓讲解律法。

小贴士

穆德(1865—1955)，美国人，20世纪的基督教全球传教运动活动家、世界基督教学生运动的领导人、国际宣教协会和世界基督教教会联合会创立者及领导人，同时还是中国基督教青年会、基督教学生运动和传教活动鼓动者。

鹌鹑之灾

上帝圣子，简称圣子，是三位一体中的第二位格。为了救赎世人，取肉身为世人，然后受死、复活、升天。将来再降临，审判活人和死人。

摩西带领以色列人渡过红海之后，上帝降福，让饥饿的以色列人饱食鹌鹑，帮他们渡过难关。然而将近一年后，正是这种美味的鹌鹑给以色列人带来了灭顶之灾。

以色列人在西奈山下的旷野，住了将近一年时间，整编完毕后，起身前往迦南行进。两百多万的队伍，带着辎重财物，扶老携幼，在荒凉、酷热的沙漠上跋涉。

因为禁止杀羊，一连数天，以色列人的主要食品就是上帝赐予的吗哪。单调的饮食、艰苦的跋涉让以色列人怨声载道。一天傍晚安营扎寨后，几个闲杂人利用以色列人的不满情绪，来到摩西帐篷前，纷纷指责摩西："我们在埃及的时候尽管受奴役，但是守着尼罗河，不花钱可以吃到鲜鱼。菜地里有丰盛的黄瓜、韭菜、大葱和大蒜，随便吃。到了这里，每天吃吗哪，我们什么也没有！"

"你究竟要带我们到哪里去呀，你许诺的留着奶和蜜的地方在哪里呢？不会是在骗我们吧！"

"我们都没有胃口了，谁给我们肉吃呢！"

围观的人越聚越多，十二支派的人，都来到摩西帐篷前抗议。面对这么多的人，摩西的信心也动摇了。他也开始了抱怨："上帝呀，为什么偏偏要将这样的重任添加在我肩头上呢，您为什么要这么对待您的仆人呢！您向他们应许迦南宝地，可是我们遭受了这么多的苦，却还是遥遥无期。您要求我对百姓，就像对吃奶的孩子那样仁慈关爱，可是他们现在面临饥饿，我总不能宰杀牲畜让他们填饱肚子吧！"

圣神降临

上帝见以色列人这样抱

怨，这样忘本，怒气大发。他晓谕以色列人："你们洗净身体和衣服，明天让你们吃肉。我会让你们连续一个月吃肉，吃到心满意足，甚至肉末都会从你们鼻孔里喷出来，使你们厌恶。"

摩西听了上帝的话，感到难以置信，问："我们以色列人仅壮年男子就有 60 万人，您让我们连续一个月吃肉，哪里有那么多肉呢？难道让我们将牛羊都宰杀，或者将海里的鱼虾都聚集在一起吗？"

面对摩西的疑问，上帝说道："相信我的话吧，明天就会让你看到是否应验。"

第二天一早，微风从海面吹来，一直吹到荒漠，吹过以色列人的营地。渐渐地，风越来越大，无数鹌鹑由远及近，在风中铺天盖地飞了过来，落在营地的空地上，一只挨着一只，落满了一层又一层，高达两肘。渴望吃肉的以色列人，见状欣喜若狂，他们整日整夜捕捉这些鹌鹑，将鹌鹑囤积在营房周围。囤积最少的人也囤积了 10 贺梅珥。他们燃起篝火，将鹌鹑剖肚、去毛，在火上烧烤，狼吞虎咽地吞食，牙缝里面塞满了肉丝，一口还没有嚼烂，另一口就咬了下去。

当他们饱食完毕，心满意足入睡后，上帝将灾难悄悄降临到了以色列人身上。那些爱发怨言、对上帝不虔诚的人，由于吃了过多的鹌鹑肉而相继死去。瘟疫在以色列人中间肆虐，旷野上布满了坟墓。以色列人心怀悲痛，处理完丧事之后，带着懊恼遗憾的心情，离开了此地。后来，人们将这个地方起名为"基博罗哈他瓦"。

两肘，折合现在约八九十厘米；贺梅珥，《旧约》时代容量单位，1 贺梅珥相当于现在的 22 公升。基博罗哈他瓦，意即"贪欲之人的坟墓"。

面对以色列人的贪婪、不信任和不虔诚，上帝给出了极其严厉的惩罚。以色列人在收集鹌鹑的时候，贪婪之心暴露无遗。上帝给他们降临灾难，是为了让后代永远记住这个教训。

《圣经》研究学者认为，上帝降临鹌鹑之灾，具有科学依据。鹌鹑从海岸飞往半岛，就像燕子春天北飞、秋天南飞一样，属于候鸟的季节性迁移。两次鹌鹑降临，都是在犹太人的二月份，相当于现在公历的四五月期间。鹌鹑经过长时间疲劳飞行，高度接近地面，十分易于捕捉。

同时，《圣经》研究者还从科学角度解释了"鹌鹑之灾"的现象：四五月间的沙漠炎热无比，大量囤积的鹌鹑肉容易变质，吃后引起食物中毒，引发大面积瘟疫。

小贴士

文幼章，1898 年出生于中国四川一个加拿大监理会家庭，加拿大著名来华传教士之一，长期在中国四川省从事传教和教育活动，并热情支持中国的革命与和平。他为了使中国与加拿大建立外交关系，作出了巨大的贡献。

探子带来的恶讯

上帝圣灵，简称圣灵，是三位一体中的第三位格。和圣父、圣子一起接受敬拜，同受尊荣。

摩西带领以色列人来到巴兰，巴兰和迦南南疆毗邻。以色列人眺望着迦南之地，幻想着美好家园的胜景，欢呼雀跃。

摩西是一个谨慎的人，他不主张即刻进入迦南。因为两百多万的人口一下子涌入一个陌生的地方，必须作好前期准备。当务之急，是先将迦南的情况了解清楚。于是，他吩咐十二分支的族长，挑选出12名精明强干的青年做探子，进入迦南了解情况。摩西对他们说："你们到那里，看看当地居民是强还是弱；城墙是否坚固；土地是否肥沃；农作物的耕种情况。你们胆子要大，心要细致。"

12个探子，都是各个支派未来的领袖。他们聆听了摩西的教诲之后，立刻动身启程前往迦南。他们在迦南没有遇到任何困难，很快搜集到了各种信息。40天过去了，探子们回到了巴兰。

此时正是葡萄成熟的季节，他们从迦南砍了一根葡萄枝，两个人轮番扛着带回了巴兰。圆润硕大的葡萄，散发着清香，闪烁着水晶般的紫色。除此之外，他们还带回了石榴、无花果等多种水果。以色列人见了，更相信迦南物产丰饶，恨不得一脚踏入那里。

然而，和这种丰饶富足的景象相反，探子们带来的，却是一个又一个的恶讯。

"迦南之地的确十分富庶，但那里兵强马壮，城池高大坚固，我们进不去呀！"

"迦南有些地方有巨人居住，他们是亚纳族人，以吃人为生。他们身材高大，我们站在他们面前就像蚂蚱一样，无法降服他们！"

"那里还有我们的仇敌亚玛力人，他们一定会联合当地人阻挡我们的！"

面对这样的富庶之地，这些探子感到没有信心占领迦南。于是，他们萌发了对上帝的不信任感，将一些原本很小的困难夸大其词，目的是为了阻止以色列人进入迦南。

以色列人听了这样的恶讯，浮现在心里面的美好愿望一下子破灭了，他们恼羞成怒，纷纷抱怨起来："如此凶险的地方，我们怎么可能进得去呢？一旦打起仗来，我们必死无疑，老婆孩子都会被人家掳去，世代受人奴役！上帝为什么要我们来这种凶险的地方，千里迢迢来做人家的刀下之鬼！我们宁愿死在埃及、死在旷野，也不愿意受人宰割！”

有些人借机寻衅闹事：“我们要求摩西和亚伦辞职下台，我们要重新选举头领，带领我们重返埃及！”

西奈山

探子中有两个青年领袖，一个叫约书亚，一个叫迦勒。他们对上帝怀着十足的虔诚和信任，对进入迦南充满了信心。面对探子们恶意提供的讯息，他们十分愤怒，撕裂衣服，露出胸膛，向全体以色列人盟誓：“我们发誓，我们看到的迦南富饶美丽。如果大家对上帝充满信心，就请相信上帝会带领我们进入迦南，过上美好、自由、富足的生活！上帝与我们同在，我们一定能攻打下迦南！”

被失望、恼怒冲昏头的以色列人，根本听不进两人的话。有人高喊：“他们在蛊惑我们去送死，用石头砸死他们！”

约书亚和迦勒被众人围拥起来，他们奋尽全力从人群中逃出来，躲进会幕，幸免一死。

这时候上帝在会幕中出现了。面对疯狂的以色列人，上帝感到十分失望。他对摩西说道：“你的百姓如此藐视我要到什么时候呢？我给他们降下了无数次神迹，他们的不信任要到什么时候呢？”他决定降下瘟疫，惩罚以色列人。

于是，一场大灾难降临到了以色列人身上。20 岁以上的以色列人，凡是发了怨言的，永远失去了进入迦南的资格，必定死在旷野中；这些人的女眷和孩子，今后会进入迦南；约书亚和迦勒对上帝有信心，今后有资格进入迦南；其他探子用 40 天的时间窥探迦南，一天等于一年，他们的子孙后代，还要在旷野荒漠中漂泊 40 年，来承担他们的罪责。

那些谎报恶讯的人，即刻遭了瘟疫，死在上帝面前，只有约书亚和迦勒幸免于难，并且受到了上帝的赏识。

遭受了如此之大的惩罚，以色列人对上帝的信任和顺服，虽然没有达到最忠诚的程度，但是不敢公开忤逆了，他们再也不提重回埃及的事了，甚至要立刻实现上帝的应许，进入迦南之地。但是大错已经铸成，因为“他（上帝）必不与你们同在”，在迦南人和亚玛力人的联合攻打下，以色列人落了一个惨败的结局，节节败退，从巴兰退到何玛珥。

何玛珥，位于巴兰东部约十英里处，意思是“完全毁灭”。

10个探子谎报恶讯，是因为他们害怕迦南人的强大，忘记了迦南是上帝对以色列人的应许之地。归根结底是对上帝不虔诚、不信任，因而招致恶果。而以色列人所遭受的惩罚，也不单单是10个探子的牵连。面对约书亚和迦勒的盟誓，他们冥顽不化，终于将上帝激怒了。于是，上帝的应许不变，但是延后了40年，应许转移到他们的后代身上。他们这一代（主要指20岁以上的人），都要死在旷野中。

以色列人从西奈山启程后，一路上不停地埋怨，面对探子们的恶讯，埋怨达到了顶点。上帝不断试验百姓的信心，反之，百姓也在不断试验上帝的能力。从出埃及到现在，六次为水和食物埋怨上帝，两次不服从领袖，崇拜金牛偶像和盲从探子恶讯，埋怨达到了极点；而上帝对他们的惩罚，也达到了最严厉的程度。

研究《圣经》的地理学者认为，摩西指派的探子，从利合出发到哈马口，两地相距250英里。按照当时的交通状况，再加上他们在迦南停留搜集情况，来回花费40天的时间，是很合理的。

小贴士

塞缪尔·柏格里，也被译作塞缪尔·波拉德，1864年出生在英格兰，1887年来到中国，首先在云南省的昆明、昭通、会泽等地传教，1903年成为首次访问凉山彝族的西方人。他提倡文明习俗，禁除鸦片毒害，进行慈善救济等，被中国教会界称为“苗族救星”。

法杖上的花儿

信（信仰）、望（希望）、爱（仁爱）三种神学美德和耶稣的三大纲领，是基督教的重要教义。

有利益的地方就有争端。摩西的权力接二连三地面临挑战。第一次是摩西的哥哥亚伦、妹妹米利暗对摩西的反叛，被上帝平息下去；主谋米利暗受到了“身患大麻风病”的惩戒。

时隔不久，以色列人中的利未人，组成了可拉党，举行了一次规模很大的叛乱，这次叛乱，针对的是亚伦的祭司职位。

经过了几番波折，摩西的威望下降。由于人心不齐，摩西无法带领人攻打迦南，只好在荒漠上开始了更为漫长的漂泊生涯。

一天，他们在阿卡巴湾安顿下来，派人寻找能够长期居住的地方。自从以色列人从迦南边境折回沙漠以来，由于失去了进入迦南乐土的希望，民心开始涣散，就连最为忠诚的利未人，也产生了不满情绪。他们觊觎祭司的职位，企图篡夺。利未人可拉，纠集了族内 250 个人，结成可拉党。他们聚集在摩西帐篷面前，大声质问道：“我们都是上帝子民，你们为什么享有特权呢？我们能比你们低下多少呢，你们又比我们高明多少呢？”

女先知米利暗手里拿着鼓，众妇女跟着她拿鼓跳舞

摩西见状，十分痛心，他说道：“利未人的子孙呀，你们可是上帝最忠诚的子民呀，你们今天是怎么啦？上帝将你们列为以色列人十二支派之外，是你们的荣耀；上帝亲近你们，让你们打理帐幕等圣事，你们还不满足吗？”

可拉党人不理会摩西的劝诫，要进行攻击。摩西大怒：“你们不满足现状，难道想当祭司吗？亚伦是上帝委任为祭司的，你们针对亚伦就是要反对上帝！你们这些人，如果不怕上帝的神力，就继续我行我素吧；如果心中还有上帝，那么明天你们拿着香炉过来，向上帝献祭，看看到底谁对谁错！”

可拉党人心里面忌惮上帝的威力，停止了进攻。第二天，他们人人手捧香炉来到会幕前，等待上帝的裁判。

不一会儿，上帝出现了，对摩西说道：“你们离这些叛乱党人远一些，我要将他们灭绝！”

摩西和亚伦苦苦求情，上帝不理不睬：“你立刻带人离开这些叛乱党人居住的帐篷，我要降灾祸给他们！”摩西无奈，只得带人远远走开。这时候一声沉闷的巨响从地下发出，可拉等人居住的帐篷地面开裂，可拉等人和他们所有的财产全部落入地缝。

250 名可拉党人见状，惊慌失措，纷纷逃跑。上帝发出一团火焰，火焰追逐着逃跑的可拉党人，把他们都烧死了。

到了第二天，更可怕的事情发生了。全体以色列会众（参加宗教组织的人）蜂拥到摩西和亚伦的帐篷前，说道：“是你们杀死了可拉家族的人！”摩西和亚伦见状仓皇逃到会幕里面，才躲过劫难。上帝见状，命令摩西和亚伦速速逃走，他给这些叛乱者降下瘟疫，瘟疫刹那间在百姓中传播，14 700人在这场瘟疫中死亡。

这场叛乱最终被平息下去了。摩西感到有必要向以色列人说明：亚伦祭司的职位，不是因为自己亲属关系授予的，而是上帝委派的。

于是，摩西按照上帝的吩咐，让以色列十二支派的领袖，每人手持法杖来到帐幕中。第二天，奇迹出现了，十二个法杖中，只有亚伦的法杖上面盛开了一朵花儿，最后结出了一颗熟杏。以色列人见状，终于明白亚伦的祭司之职是上帝赐予的，因此消除了抱怨之心。

亚伦开花的法杖被留在法柜里面，世代警示那些背叛者的子孙。

这是继摩西领袖地位受到最厉害的挑战之后，亚伦的祭司职位也受到了考验。叛乱者和摩西、亚伦同辈，但是拥有的权力比摩西和亚伦低一级，地位上的差距容易造成心理上的不平衡，上帝一改过去的惩戒方法，让大地开裂，活埋叛乱者，目的是显现法力，表明这样的事情并不是摩西所能干的，为摩西开脱。

法杖的“杖”字，原来和“支派”两字相同，上面刻着各派的名字。法杖都是用枯木做成的，枯木开花发芽，而且结出熟杏，是很神奇的事情，表明了亚伦权力源自神授，威严不可侵犯。在基督教信仰中，杏属于贵重的果实，白色杏花代表圣洁。上帝的神迹，让充满罪恶的百姓心生恐惧，充满了敬畏之心。

摩西的遗憾

信仰(信)是基督教教义之一,它强调人和神的关系,接受上帝的感召,对《圣经》所记载的上帝的启示、耶稣的教诲表示信奉和遵从。《旧约圣经》强调个人、民族对上帝之约的信守,而《新约圣经》强调对耶稣福音的信赖。

以色列人在阿卡巴湾停留了一段时间以后,转而向北,迁到加底斯长期居住了下来。

加底斯没有水源,以色列人最初到达那里,因为饥渴,发生了一次小小的骚乱。他们聚集起来围攻摩西和亚伦,抱怨道:“这里土地贫瘠,连水也没有,别说播种庄稼,栽葡萄树、无花果和石榴树了,就连喝的水都成问题,我们迟早会渴死在这里。你们为什么逼迫我们离开埃及呢!”

摩西和亚伦来到会幕面前,跪伏在地向上帝求取方法。上帝的荣光将二人笼罩,半空中传来上帝神秘的晓谕声:“你持手杖,和你哥哥召集会众。当着他们的面吩咐磐石出水,磐石就会裂开流出水来,供百姓和牲畜饮用。”

摩西领命,拿着上帝之杖离去了。

第二天一早,摩西和亚伦召集会众,来到一块巨大的磐石面前。想起会众多次抱怨、挑衅,摩西情绪激动:“你们这些心怀不满的人看着,难道我不能使这磐石流出水吗?”说完愤恨地举起手杖,用力击打磐石。磐石一声轰响,瞬间裂开,一股清冽甘泉喷涌而出,围观的会众欢呼雀跃,手捧泉水狂饮起来。

上帝将泉水命名为“米利巴”,就是“争闹”的意思。

这次磐石出水,给摩西带来了毕生遗憾。上帝要摩西持手杖“吩咐磐石出水”,而摩西没有遵从上帝的命令,用手杖“击打磐石出水”。上帝认为摩西和亚伦的行为是对他的“不信任”,所以对摩西和亚伦说道:“因为你们不信任我,不在以色列人面前尊我为圣,所以你们失去了进入应许之地的资格。”

磐石出水

摩西一生谨慎,没想到磐石出水,让

他眼看着迦南宝地，却无法进入，这不能不说是他一生中最大的遗憾。

上帝原本没有让摩西击打磐石，摩西竟然动怒，违反上帝的吩咐。上帝因此取消了摩西和亚伦进入迦南的资格。

虽然摩西和亚伦是神挑选的仆人，被神重用多年，但神仍要施予公平的惩罚，向他们取回带领会众进入应许之地的职分，要他们死在旷野之中。

正月初一，以色列人的女先知、摩西胞姊米利暗去世，五个月之后，摩西的哥哥亚伦去世。亚伦死后，祭司职位传给了亚伦的儿子以利亚撒继任，做了第二任大祭司。至此，以色列人离开埃及，已经四十年了。按上帝的旨意，他们的那一代都要死在旷野，以色列人才可以启程进入应许之地。

小贴士

爱默生(1803—1882)，美国基督教派一位论派散文家，生于波士顿牧师家庭，在哈佛研习神学，1829 年接受牧师职位。

乱民中的火蛇和铜蛇

望(希望)是对上帝普世救赎意志的确信,也就是对基督最后审判所迎来的新天地抱有虔诚的希望,涉及到人与世界的未来以及未来的美好结局。

摩西带着以色列人,从埃及出来之后,在荒漠、旷野中颠沛流离,过着漂泊不定的生活,转眼将近四十个年头了。为了进入上帝应许的田园乐土迦南,他们经历了内忧外患、天灾人祸。老人死去,新人出生,新一代以色列人成长起来了。他们自幼生长在旷野荒漠之中,身心受到艰苦条件的磨砺。艰难困苦的生活,使他们富有生存经验,在和其他部族的争斗中,他们掌握了打仗的要领。摩西认为进军迦南的条件成熟了。

在以色列人居住的加底斯以东,有一个以东国。以东国内,有一条宽阔通达的王道,供商队来往,通过这条王道可以到达迦南。摩西派出使者,向以东国王借道。

以色列使臣带着丰盛的礼物,毕恭毕敬地求见国王,说道:"尊敬的国王陛下,我们以色列人要去迦南,请允许我们从贵国经过。"

旗杆上的铜蛇

以东国王拒绝了使臣的请求,态度坚决:"我不允许你们从我们这里经过,否则,我会派军队阻止你们!"

使臣继续请求:"尊贵的国王陛下。我们只是经过而已,不会动你们境内的一草一木。如果我们损坏了境内的庄稼、牲畜,我们会加倍赔偿。"

国王不等使臣把话说完,就粗暴地挥手送客。非但如此,他还派重兵把守王道入口,严禁以色列人通行。

面对这种情况，摩西只好率领以色列人绕道而行。行进到了何珥山，亚伦病逝，祭司职位传给了亚伦的儿子以利亚撒。以色列人为亚伦举行了盛大的葬礼之后，继续前行，到达一条幽深狭窄的峡谷中。这条峡谷没有水源，他们携带的食物也吃光了。又饥又渴的以色列人又开始了抱怨："为什么要带我们走这条峡谷呢，既没有水也没有食物，难道我们要倒毙在这里吗？"

于是，队伍混乱起来，有的坚持前行，有的坚决后退，有的赌气躺卧在原地不动，他们不再听从摩西的指挥了。

突然之间，无数条火红的蛇窜进了乱民中间，咬死、咬伤了很多人。一时间，百姓们惊恐不堪，他们知道这是上帝在惩罚他们，纷纷跑到摩西面前哀告："我们不该抱怨，请原谅我们的罪过吧！"

摩西按照上帝的意愿，命令工匠制造了一条巨大的铜蛇，悬挂在营地中央的旗杆上。凡被火蛇咬伤的人，只要看一眼铜蛇，伤势即刻痊愈，而且还产生了奋进向前的力量。

以东人的祖先是以扫，以色列人的祖先是雅各。雅各和以扫是亲兄弟，曾经有过仇怨，但是已经化解。没想到仇怨流传给了后代，所以，以东国王坚决不借道给以色列人。摩西念及旧情，不愿意和以东人开战，所以绕道而行。

火蛇是毒蛇的一种，十分可怕。人被咬后伤口发炎，所以称之为火蛇。在荒漠旷野，尤其是《旧约》时代，这种蛇很普遍。

《圣经》研究专家认为，这种普遍存在于旷野中的火蛇，此前之所以没有出现，是因为上帝在福佑以色列人。当以色列人纷纷抱怨的时候，上帝撤去了保护，火蛇就纷纷出现了。摩西制造铜蛇治病，源于伤者对上帝的信心。如果伤者没有信心，即便看见铜蛇，伤口也不会痊愈。

基督文化认为，铜的颜色接近血的颜色，带有救赎的象征，所以祭坛也是用铜包裹的。铜蛇救赎也暗喻着仰望、跟随上帝，是以色列人唯一的出路。

小贴士

托尔斯泰(1828—1910)，俄国作家，全名列夫·尼古拉耶维奇·托尔斯泰，出身贵族。1901年因抨击俄国官方教会而被革除教籍。

亚摩利屠城

爱(仁爱)是指上帝对人的爱,以及人在信仰中所表现的对上帝和世人的爱。仁爱专指圣爱,也就是上帝之爱。

以色列人穿过峡谷后,毫不费力地通过摩押国境,来到亚嫩河岸,和亚摩利国相对而望。

亚嫩河从亚摩利境内流出,水流湍急。河对岸是刀削直立的悬崖峭壁,是亚摩利国的天然屏障。以色列人千辛万苦渡过亚嫩河,百折千回地到了毗斯迦山顶。站在毗斯迦山顶上,远眺可以望见迦南的丰饶之地;近望可以看见亚摩利境内的王道,王道横穿亚摩利境内,直达迦南。

摩西派人向亚摩利国王西宏借道:"请允许我们从你们国家经过吧,我们不动你们的一草一木!"

国王西宏拒绝了以色列人的请求。非但如此,凶暴嗜杀的国王西宏,组织兵马来到以色列人的驻扎之地,要赶走以色列人。摩西带领军队顽强抵抗,击败了来犯之敌,杀死了西宏。随后,以色列人以迅雷不及掩耳之势,占领了亚摩利国全境。以色列人将亚摩利人的牲畜和财物掠为己有,毁灭了一切有人烟的城邑,无论妇孺老幼全部屠杀,一个人也没有留下。

亚摩利战役后,以色列人向巴珊之城挺进,遭遇到了巴珊军队的顽强抵抗。巴珊国王是一个巨人,他生性好战,力大无穷。他的床是用钢铁做成的,长九肘,宽四肘。面对这支巨人统领的军队,节节胜利的以色列军队毫不畏惧。他们奋勇争杀,击退了巴珊国军队,将巴珊国王斩杀。

被击败了的巴珊军队四处逃散,以色列人进入巴珊国内,如入无人之境。从城内到乡村,以色列人将巴珊国的财物、牲畜抢掠一空。

到此为止,约旦河东部的广大地区,全部被以色列人控制。这块地方成了以色列人进攻迦南的基地。

《圣经》原文讲述这段故事时,提到了许多地名。以色列人为了到达上帝的应许之地迦南,百折千回,历尽艰险。以色列人的足迹,基本上是从南到北,绕行迦南一周。这种"巡行绕走",或许是进入迦南必要的磨炼和前奏。从绕过以扫后人以东国开始,叙述的进程明显加快,暗指以色列人大捷在即,很快就要进入迦南了。

古巴比伦石雕

亚嫩河位于摩押国的北面，“亚嫩”是“急流”的意思，比喻亚嫩河水流湍急。《圣经》研究专家认为，亚嫩河里面有灵训表示：要进入丰饶之地迦南，必须遵从上帝的意思，急流勇进，不可偏离航道，不可怠慢。

“毗斯迦”是“裂缝”的意思，暗喻以色列人到了这里，就要和荒漠旷野永别了，即刻进入迦南，过着安稳富足的生活。毗斯迦是迦南和旷野的分界线。

亚摩利是闪米特人中的一支。约公元前1894年，亚摩利人首领苏姆阿布姆，在美索不达米亚南部建立巴比伦王国，史称古巴比伦。《圣经》中称，诺亚的儿子闪，是闪米特人（闪族）的祖先。

摩西之所以指挥军队杀死亚摩利人，是因为亚摩利人到了摩西时代，已经恶贯满盈。上帝借以色列人征战亚摩利人，实施审判。

巴珊是巴勒斯坦东部古国，位于加利利海东北部，北部是黑山，是迦南北界。《新约》时代，巴珊是罗马帝国最大的粮仓之一。7世纪以后，巴珊日趋衰弱。

巫师巴兰的驴子

基督教认为人活在世间，面临着私欲、魔鬼等各种引诱，称之为“试探”，试探是基督教教义用语，要人们时刻警醒、克制私欲，抵制魔鬼的试探。

摩押国王看到和自己毗邻的两个国家——亚摩利国和巴珊国，相继被以色列人毁灭，心里十分恐惧，他忧心如焚，害怕同样的灾难会降临到自己身上。

摩押国国力空虚，无法和以色列人抗衡。为求自保，摩押国王想到了一个独特方法：请巫师为自己祈福，诅咒以色列人，让他们不战自退。

在幼发拉底河的毗夺城，有一个远近闻名的巫师巴兰，具有很高的法力。摩押国王巴勒派人去请巴兰，希望通过巴兰的魔力，能帮助摩押国渡过难关。

国王巴勒挑选了一个能说会道的使者，带着丰厚的礼物来见巴兰：“有很多以色列人从埃及来到我国，不肯退去，威胁很大，我们国力薄弱无法对付他们。国王陛下恳请您到鄙国，施展魔法，让那些以色列人退兵。”

面对使者的游说，巴兰不敢轻易应许。他让使者暂且住下，晚间要请示上帝。第二天一早，巴兰对使者说：“我昨晚请示上帝了，很抱歉，上帝不允许我跟您同去。”

使臣回去复命，国王巴勒不甘心，第二次派出一个级别更高、口才更好的使者前往游说：“假如您和我走一趟，施用魔法诅咒以色列人，我们会给你最高的荣誉，金银财宝任您挑选。”

“即便给我全城的金银，我也不能违背上帝的意思。”巴兰让使臣先住下，晚间请示上帝。上帝对巴兰说：“既然他们诚心请你，那你就去吧。不过到了摩押国，一言一行都得听从我的命令。”

得到了上帝的许可，巴兰一大早就骑着他那头忠心的驴子，和使臣启程出发了。

行进到半路，巴兰的驴子突然踌躇不肯向前，任由巴兰怎么驱使，总是在原地打转。最后驴子掉转方向，往田间走去。无论巴兰怎么抽打，驴子硬是不肯回大道上去。原来，上帝看透了巴兰的居心，派遣天使手持利剑，站在半路上拦截巴兰的去路。

驴子在田间四处乱走，最后走到一个葡萄园内，进了一条两边有墙的狭窄通

巴兰的驴子

道。天使紧跟着又飞到那驴的前面，驴子见到天使手持宝剑挡住去路，也不管小巷有多窄，硬是撅着屁股，调头回跑。巴兰的腿被驴子在墙上擦伤了。巴兰怒不可遏，跳下驴背，抡起棍子就猛抽那驴子，打得驴子直叫唤。

上帝让驴子开口质问巴兰："我做错什么了，你这样狠心打我？"

因为气急败坏，巴兰没有注意到驴子开口说话这个异常现象，他对驴子说："你这样戏弄我，不往正路上走。我非但打你，恨不得杀了你！"

"我跟从你这么多年，什么时候违背过你的意愿呢？"驴子说道。

这时，巴兰抬头看见半空中天使光亮的身影，连忙匍匐在地。天使说："我三番五次阻拦你，是因为你走的路不对。如果不是驴子从我面前偏过去，我早就把你杀了！"

巴兰听了惊出一身冷汗："如果你不喜欢我去，那我就回家好了。"

天使说："你可以去，但是要听从我的意思。"

巴勒用最高的礼仪迎接了巴兰这位贵客。可是，巴兰的魔力，能将以色列人驱逐出境吗？

第二天，按照巴兰的吩咐，国王巴勒在高山上筑起了七座坛，然后预备了七只公羊和七只公牛，献在每一座坛上。

然后，巴兰当着众大臣的面念起咒语。奇怪的是，巴兰念出来的，不是对以色列人的诅咒，而是祝福。国王巴勒十分生气："我请你来是诅咒仇敌的，你却给他们祝福！"

巴兰声称修建祭坛的地方不灵，无法施咒。于是另外挑选了地方建立祭坛，巴兰的咒语，还是变成了祝福。就这样，巴勒给巴兰一共修建了三处共二十一座祭坛，献上了二十一只公羊和二十一只公牛，巴兰念了三次咒语，都变成了对以色列人的祝福。巴勒十分生气，将巴兰赶了出去。

天使在路上三次拦截巴兰，和巴兰三次将诅咒变成祝福，是相互印证的。这说明，即便是上帝所统领以外国家的先知，也要遵照上帝的意愿，祝福以色列人。

巴兰要求巴勒先后三次建筑祭坛，每次七座，每个祭坛献祭七只公羊和七只公牛。对巴兰而言，“七”这个数字是神圣的，具有神秘力量。在《圣经》中“七”代表完全。

巴兰两次询问上帝是否去摩押国。第一次上帝已经明确不让巴兰去了，但是，由于贪恋钱财，面对使臣的第二次造访，巴兰还是心存侥幸，征求上帝的意见。显然，巴兰面对金钱的诱惑，信心始终在动摇。

第一次上帝不允许巴兰去，第二次上帝允许巴兰去，这并不矛盾。上帝应许巴兰去，是要祝福以色列人，破坏巴勒的计划；而巴兰心里面早有一个小算盘，就是不管怎样，都要得到巴勒国王赏赐的金银。

然而到了路上，巴兰遇到了天使的阻拦，好多人会认为上帝反复无常。这是因为上帝看透了巴兰贪财的内心。我们都知道，驴子是很倔强的。但是面对天使的阻挠，驴子都知道改变方向，救了巴兰的性命。驴子真的能救命吗？这是天使在警告巴兰，及早悬崖勒马。倔强的驴子都有了感应，而且开口说话，点化巴兰。但巴兰依然痴迷不悟，比驴子还固执、死硬。虽然从表面上看，巴兰对上帝百分之百地顺从，但是内心却一直在动摇。

巴兰的驴子有更广泛的意义。驴子因为拯救巴兰，将巴兰的脚擦伤，而巴兰却责怪殴打驴子。事情发生的顺逆，可以决定一个人的福祸。当你在人生道路上遇见苦难的时候，你是责怪“驴子”呢，还是反省、检讨自己呢？

小贴士

桑得(1843—1920)，英国《圣经》学家，生于诺丁汉郡，1869 年受圣公会牧师职，1895 年起任基督学院神学兼教会法教授。

以色列人的最大敌人

地狱是基督教教义用语，有两层意思：第一层意思指的是阴间，人死后灵魂安息之所；第二层意思是地下，但是没有赏罚的意思。后来演化为犯罪者死后灵魂遭受处罚的地方。

有一天，摩押国王挑选出上千名美女，派使臣给以色列人的军队官员送去，谦卑地说道："我们崇尚你们的神威，选出上好的美女，来侍奉各位将军，还望笑纳！"军官们收下了美女，这些美女才艺过人，深得军官们喜欢。

上有所好下必甚焉。不知道从什么时候开始，一些民女装扮的女子在以色列军营附近游走、散步，主动和以色列男子交谈，并且兜售廉价的小商品。很快，以色列男子和这些女子熟悉起来，他们将女子带到军营，喝酒、跳舞，最后发展到相互行淫狂欢的境地。这股风气很快蔓延到以色列整个军营。

军官们沉溺酒色，不理军务；士兵们贪恋行淫，防务松弛，斗志全无。几个月过去了，以色列人的战斗力逐渐瓦解。

一天傍晚，金黄色的夕阳洒在以色列军营的帐篷上。在一块空地上，摩西带领全体民众进行祷告。这时候，一个出身高贵的以色列军官醉醺醺地和一个妇人勾肩搭背，跌跌撞撞地从众人面前走进了帐篷。不一会儿，帐篷内传出了这对男女放荡的调笑声。祭司以利亚撒的儿子非尼哈见状大怒，他提起一根长矛冲进帐篷，面前的景象让他目瞪口呆：以色列军官和妇人，赤身裸体正在行淫。非尼哈举起长矛，不顾两人的苦苦哀求，一枪将两个人刺穿，然后将尸体拖出来示众。

原来，巫师巴兰诅咒以色列人无果，巴勒一怒之下要杀死巴兰。巴兰给巴勒献计，用美女来诱惑以色列男子，瓦解他们的斗志。巴兰深知，这些常年生活在军营中的未婚男子，对女性有着狂热的渴求。这些摩押女子，将以色列男子引诱得神魂颠倒，她们用极其淫荡的方式祭神，诱惑以色列男子跪拜、信奉摩押国的神——巴力。

上帝对以色列男子的堕落十分愤怒。他认为这次拜巴力事件，显然得到了十二支派长老的支持，命令摩西将他们杀死，将尸体挂在旗杆上示众。摩西不忍心残杀同僚，也害怕削弱军力，带来混乱。于是，愤怒的上帝降下瘟疫，那些淫乱的人受到了惩罚，一夜之间，有 24 000 人死去。非尼哈将行淫的男女杀死后，瘟疫才停止下来。

瘟疫过后，摩西重整军务，严格操练，秣马厉兵。很快，以色列人的军威大振，恢复了以前的战斗力。摩西从十二支派中，每派挑选出 1 000 名精兵，组成了 12 000 人的队伍，攻打摩押国。他们将摩押国的男丁和已婚女子全部杀死，并处死了摩押国王巴勒和巫师巴兰。

摩押女子

巫师巴兰出主意，让摩押女子和以色列人行淫，瓦解他们的战斗力；让他们信奉摩押国的神——巴力，改变以色列人的信仰。这里的行淫，具有情欲性和乱拜异教神的双重意思。

非尼哈杀死行淫的男女，是明智的行为，具有杀鸡儆猴的作用。瘟疫因此停止，这也说明祭司之职有保持会众圣洁，具有代赎的作用。

“巴力”是繁殖之神，被迦南居民普遍信仰。崇拜“巴力”的信徒认为，巴力是丰饶之神，掌管着闪电、打雷和下雨，雷、电、雨给农人带来丰饶。巴力有一个妾叫亚舍拉。当丰收季节过去后，巴力会回到地底下一个可怕和黑暗的地方，这时地上开始失去丰饶的物产。等到春天来临，巴力会再次活过来。如果巴力与他的妾亚舍拉性交，就会给农人带来丰饶。

迦南人相信献血可以促使巴力活过来，尤其是献上活人为祭。他们还相信男女性交可以诱使巴力和他的妾亚舍拉性交，这不但会带来农作物、橄榄树、葡萄园和羊群的盛产，甚至会使家中人丁兴旺。在巴力崇拜仪式上，巴力祭司除了烧死被选为祭品的儿童外，还当着众信徒的面与庙妓性交。接下来，所有参与巴力崇拜仪式的男信徒会到庙旁跟妓女性交。

在以色列人的历史中，“巴力崇拜”具有很大的影响力。上帝命令以色列人将迦南人全部消灭，以消除巴力崇拜的影响，但是以色列人并没有遵从上帝的意思，导致巴力崇拜日渐渗入，酿成了恶果。

摩西之死

天堂是基督教教义用语，既指可以看得见的天空，也指不可见的、上帝在天上的居所。上帝的宝座周围有众天使侍立，基督坐在上帝的右边。

摩西带领以色列人，攻城略地，到达约旦河西岸。他知道自己注定无法进入迦南之地，而自己的生命，也快走到尽头了。他利用最后一年的时间，对身后事作了安排。

摩西进行了第二次人口统计，以色列成年男丁一共有 601 730 人。

他将已经全部占领了的约旦河以东的土地，分派给流便、迦得两个支派和玛拿西半个支派。摩西指定了对上帝最为忠心、品德最好、最骁勇善战的约书亚为自己的接班人。

根据四十年来的经验和变故，摩西对现行法典进行了修订和补充，增加了很多新内容。

一、摩西将六个城市命名为“逃城”，顾名思义就是逃亡者的城市。如果有人无意将人误杀，可以来到逃城避难，避免遭受报复。凡进入逃城接受庇护的，要经过长老的认定。一旦认为是故意杀人，将要被驱逐出逃城，接受惩罚。

二、警惕异端邪教。

三、严厉处罚假先知。这些假先知鼓吹崇拜假神，致使百姓的宗教信仰误入歧途，所以必须处死。

四、刑罚要公开、公正。

五、制定豁免年。每七年为豁免年（安息年），所有欠下债务者都可以得到豁免。这是一种救济穷人的慷慨律法。同时提醒选民，要不遗余力地帮助兄弟；对奴仆也要豁免，到了豁免年奴仆可以自由离开。

六、必须遵守的三个节日。逾越节与除酵节：逾越节纪念上帝带他们出埃及，除酵节提醒选民要远离罪恶，过圣洁的生活。七七节：收割节，后来成为五旬节，以色列人在这个节日，要庆祝农作物的收成，将出产的东西敬献给上帝。住棚节：表示一年农事结束，百姓要在树枝搭成的帐篷内住七日，是纪念他们在旷野流浪住帐篷的日子，同时对神赐下的丰收献上感恩。

七、册立君王。摩西预知，以色列人进入迦南之后，会仿效其他国家册立君王。

摩西指出了君王应有的品格：必须虔诚信仰上帝，是上帝的选民；不贪恋财物，不积蓄金银；不会带人民重返埃及；尊重律法，敬畏上帝。

八、勿取母鸟。一则显示慈悲之心，二则表明不可灭绝上帝赐予的动物，有鲜明的环保色彩。

为了防止内讧，他事先将迦南之地的土地分配给了十二支派。利未人和祭司阶层的人，没有单独的领地，因为他们要在整个迦南担任神职。但是，摩西将四十个城市分派给他们使用，保障他们过上衣食无忧的体面生活。

他编制了一首颂扬上帝的歌，让以色列人世代传唱。无论盛世还是乱世，这首歌都能给他们带来福祉和鼓舞。

摩西反复告诫以色列人，一定要遵守法律，把上帝的启示传给子孙后代。

《摩西像》，米开朗基罗创作于公元 1513 年至 1516 年，现位于罗马梵蒂冈圣彼得大教堂

随后，摩西登临尼波山，他目光茫然，神情肃穆，望着迦南——上帝应许之地，默默致意。

摩西，以色列人的伟大领袖，在他 120 岁的时候与世长辞。临终前他口齿清晰，思维敏捷，耳不聋眼不花，无疾而终。谁也不知道他是如何死去的，葬在哪里。

这则故事出自《旧约·申命记》。《申命记》的作者摩西，他以先知的身份向百姓陈述律法及和约，使以色列人在上帝所赐的地方虔诚度日，与崇拜偶像的异族分别开来，成为圣洁的选民。《申命记》是以色列人生活行为的权威、指引的根源、默想的中心，也是后代教育的支柱。

在《旧约》的记述中，摩西是行神迹最多的人。他无疾而终，功成身死，正是表明了他的伟大。上帝亲自为他主持葬礼，安排后事，足见他的荣耀。

小贴士

夏鸣雷(1848—1901)，清末来华天主教传教士，1872 年入耶稣会，1874 年来华。他是有名的汉学家，写过考证唐代景教碑的论文，也参与过徐家汇藏书楼的管理。

密探和妓女

炼狱又称涤罪所。基督教义认为，那些犯了罪却又不必下地狱者，死后要暂时经受痛苦，炼净罪恶，这样的人需要进炼狱。所有的罪过炼净之后，可以进入天堂。

摩西去世后，约书亚成了以色列人的第二任领袖。在短短几个月内，他建立了一支四万人的正规军。他要求军队预备军粮，并检查车马和军械，督促练兵。对于已经分到土地的流便、迦得两个支派和玛拿西半个支派的首领，约书亚说道："你们虽然分得了土地，但是也要和其他所有的以色列人团结在一起，不能有懈怠心理。只有将迦南全部占领，你们才可以永享太平。你们之中的青壮年，都要参加攻打迦南的战争。"

约书亚励精图治，整饬军务，为进军迦南最重要的城市耶利哥，奠定了坚实基础。一切就绪后，他派出了两名精干的密探，渡过约旦河，进入耶利哥城内，搜集情报。两个密探在耶利哥城内整整侦察了一天，将耶利哥城内的防卫情况、驻兵情况都了解得一清二楚。眼看暮色降临，他们急忙向城外撤离。他们刚走到城门口的时候，却发现守城的士兵已经将厚重的城门关闭了。

两个密探只好返回城内，寻了一家客栈住下，准备明早离开。

两人到客栈订了房间，放下行李后，来到楼下，要了饭菜。年轻漂亮的女店主，对他们异常热情，一边给他们斟茶倒水，一边不经意地问："两位大哥，请问你们是从哪里来的呀？"

两名探子敷衍道："我们从埃及来，到迦南做生意。"

女店主看了两人一眼，狡黠一笑："两位恐怕不是从埃及来的吧。"

两名探子心里一紧，警惕起来："我们为什么要骗你呢？"

暮色降临，店里面昏暗下来，女店主点上灯，空旷的屋子里，桌椅板凳在灯烛投射的阴影下显得格外阴森，这令两个探子更加感到不安。女店主走了过来，轻佻地用手拢了一下头发："你们两人是从河对岸来的吧！"

探子一听，下意识地站起身来，伸手就要抽刀。女店主接着说："你们不要惊慌，我也没有恶意。我知道你们以色列人所向无敌，这座城市迟早要被你们攻占。我只是想和你们做个朋友，日后也有一个照应。今晚你们就放心住下，所有费用就算在我头上。只希望你们攻打耶利哥的时候，能保全我家人的性命！"

探子听后，放下心来。原来，这个店主是耶利哥城内的名妓，叫喇合。喇合冰雪聪明，见多识广，一看两个探子的装束和神情，就猜得八九不离十，所以一步步试探。

耶利哥人知道以色列人要攻打他们的城市，进行了最为严密的防范。两名探子的行踪虽然隐秘，但还是被发觉了。耶利哥命令军队进行全城大搜捕，捉拿密探。巡逻队来到了喇合家，喇合将两名密探藏了起来，对前来搜捕的人说："两个时辰之前，有两名神色慌张的男人来过我的小店。问他们从哪里来，他们说是从埃及来，但我听口音像是以色列人。他们吃过饭之后，我留他们过夜，他们说有要事，就离开了。"

机智的喇合，骗过了巡逻队。巡逻队在喇合家草草搜查了一遍，就匆匆出城，朝约旦河方向追去。

确信巡逻队远去了，喇合将两名密探放了出来，说道："刚才的情形你们也知道了，我为你们承担了杀头的风险。我只有一个请求，如果你们攻破了耶利哥，请一定要保全我家人的性命，保全我们的财产。"

两名密探说道："我们对上帝发誓，一定要报答你的救命之恩。"

冷静的喇合担心巡逻队会卷土重来。她拿出一根红绳子，叮嘱密探趁着夜色赶紧逃出去："我家的后窗就挨着城墙，你们把绳子系在窗棂上，顺着绳子爬出城外。然后走小路，在山上躲藏三天。搜捕令过去之后，你们才可以返回去。"

密探感激万分："我们下去之后，你将这个红绳子，绑在临街的窗户上。我们攻城的时候，让你的家人不要走出房屋半步，你们全家的性命，必定得到保全！"

看着探子离去，喇合立刻将红绳子绑在窗户上。

妓女的义举得到了回报，密探回去将妓女的帮助告诉了约书亚，约书亚下令要保全喇合全家性命和财产。以色列人攻破耶利哥的时候，遵照约书亚的命令，没有侵犯喇合家里的一草一木，喇合全家的性命也得以保全。

喇合是一个有勇气的女人，也是充满智慧的女人。在历史风云际会之际，她能做出明智的选择，因此劫后余生，保全了家人。这既源于她的个人远见，也源于她对上帝的信心。作为一个妓女，喇合生活在社会的最底层，受尽了坏人的欺凌、侮辱和歧视。可是她对上帝依旧抱有信心，尽管冒着杀头的危险，依然要救助两名密探。同时，她的善行也得到了上帝的赞许。后来，她嫁给了迦勒的堂兄撒门，生下了波阿斯，成了主基督的祖先。

这个故事还有一个普世的意义：种善因得善果，帮助别人就是帮助自己。小小善举，决定人生的大转折。

约旦河上的奇迹

魔鬼是基督教教义用语之一。魔鬼原本是上帝缔造的天使，因为想和上帝比试高下而堕落，变成了魔鬼。他具有超人本领，专门和上帝作对，诱惑人犯罪。在世界末日，将被上帝投入火湖，遭受永刑。

密探回到了以色列军营，将探到的机密报告给了约书亚。约书亚认为进攻耶利哥的时机已经成熟，于是下令三军，三天后发动攻击。

第二天，约书亚来到约旦河旁，此时正是初春时节，高山上冰雪初融，约旦河水上涨，丰盈浩荡溢满河床。面对宽广湍急的约旦河，约书亚为大军如何渡河感到发愁。这时候上帝显现，他告诉约书亚不要着急，到时候自有妙法。

三天过去了，大军开始启程。约书亚按照上帝的旨意，让利未人高抬约柜，和祭司走在大军前面，军队紧随其后，和约柜相隔 2 000 肘。

利未人和祭司走到约旦河旁边，面对冰冷的湍流，毫不迟疑抬脚进入。令人惊讶的奇迹发生了，落脚之地河水霎时变干，上游的水在很远的地方停住了，越堆越高，形成了一个壁垒；约旦河河床出现了一条旱道。从约柜站立的地方一直到死海，约旦河河床旱地达数英里长。抬约柜的人在约旦河干地上站定，看着以色列大军渡过约旦河。

约书亚按照上帝的吩咐，从十二支派中挑选出十二个人来到约旦河中，在利未人和祭司脚站定的地方，取了十二块石头扛在肩上，带到当晚的宿营地。约柜上岸之后，上游堆积的河水倾泻下来，约旦河又恢复了往日的情形。

以色列人渡过约旦河后，在耶利哥城东部的吉甲安营，这天正是犹太历正月初十。宿营地的十二块石头，是以色列人渡过约旦河的纪念。约书亚在宿营地对以色列人说："你们后代问起这些石头是什么意思，你们要告诉他们，因为上帝的法力，约旦河河水变干，使以色列人不费吹灰之力横渡约旦河。你们要让后人都知道上帝具有无穷的能力，要永远顺从他、敬畏他！"

约书亚立石为记后，下令所有以色列男子举行割礼。出埃及后，以色列人居无定所，割礼制度没有坚持下来。在旷野出生的以色列人，都没有进行过割礼。

上帝教给约书亚制造火石刀的方法，约书亚手持火石刀，第二次给全体以色列人进行集体割礼（第一次全体割礼是亚伯拉罕时期）。割礼后的以色列男子在军营静养。

四天后，正是犹太历正月十四，是第四十个逾越节，也是以色列人在迦南地区过的第一个逾越节。他们用迦南生产的粮食做成了无酵饼和各种丰盛食物。从此，他们再也不用吃单调乏味的吗哪了。这也激励了以色列人攻打耶利哥的决心。

约柜

约柜是基督教的中心，象征着上帝和教众同在。约柜原来一直安置在营地中，这次首次引路，并且发挥了神力。

大军和约柜相距 2 000 肘。2 000 肘，相当于 0.8 公里。大军和约柜的间隔，能使人更加清晰地看到约旦河水从两边分开，具有很好的视觉效果和震撼力。同时，大军和约柜相隔，也表明了对约柜和法律的尊重。如果以色列人没有对上帝的信心，没有对法律的尊重，不能很好地遵守十诫，也就无法进入迦南。

上帝让约书亚立石为记，是提醒以色列人要将这件大事记在心里，不要忘记上帝对他们的伟大拯救。

上帝教给约书亚制作火石刀，使之作为割礼的工具。有专家认为，行割礼是不可以用金属刀具的。据称，今天在世界有些地方依然用石刀施行割礼。在这里，割礼是有隐喻的，象征着曾经埋怨、心怀仇恨、不信任的以色列人和上帝重新立约。这个外在的形式，象征着他们从此真心顺服上帝的指使，重新开始了信心和顺服的生活。

以色列人渡过约旦河之后在吉甲安营，吉甲在《圣经》历史上具有重要地位。吉甲是以色列进入应许之地的第一个安营地点，是进入应许之地第一次行割礼的地点，在这里结束了吃吗哪的历史，是在迦南第一次过逾越节的地点。吉甲也是以色列人征服迦南过程中最重要的后方基地。关于吉甲的具体地理位置，目前尚未确定。

不攻自毁的耶利哥城墙

基督教认为,有朝一日现在的世界将终结,所有世人必将受到上帝的审判。得到救赎的升入天堂享永福;得不到救赎的将下地狱受永刑,魔鬼也将被投入火湖。基督教义称之为世界末日,或者是最后审判、末日审判、大审判和公审判。

耶利哥人害怕以色列人的神勇,这次约旦河断流,传到他们耳中,更令他们胆寒。因此,在以色列人割礼养伤期间,他们也不敢派兵出击。

以色列男子割礼伤口愈合后,约书亚下达了攻城的命令。尽管耶利哥人不敢主动出击,但是耶利哥城墙雄伟高大,异常坚固。当时没有云梯,以色列人无法攀援。约书亚和其他将领多次合谋,决定智取。

在约书亚的指挥下,以色列军队在耶利哥人弓箭射程之外,手拿武器走在前面;后面是七个祭司,每个祭司手拿一只羊号角,一边走,一边吹;最后是上帝的约柜。这支队伍每天绕城一周,连续绕城六天。

耶利哥人不知道以色列人到底想怎么样,更加害怕。他们纷纷走上城墙,观看以色列人绕城,忐忑不安议论道:“他们这是干什么呢?”

“他们为什么不攻城?难道在施什么法术吗?”

“真会有大难降临到我们头上吗?”

到了第七天,一大早,以色列军队战旗飘扬,军容整齐,仪表威严地走出营地,来到耶利哥城下。约书亚吩咐士兵们说:“你们连续绕城六圈,不可呼喊,不可出声。等你们听见号角,才可一起呐喊。”

耶利哥的守城人员见状,作好了反击准备。可是,他们意料之中的事情并没有发生,以色列人没有动刀动枪,他们像往常一样,开始绕城。一圈又一圈,军马静默,一言不发。到了第七圈,一声巨大的号角声骤然响起,以色列人齐声呐喊,喊声如惊涛拍岸,传向耶利哥城内,耶利哥坚固雄伟的城墙,轰然倒塌。以色列人没费一兵一卒,没动一刀一枪,冲入了耶利哥城,他们见人就杀,见财物就抢,一时间,耶利哥城内血雨腥风。

两名密探进城后,首先找到妓女喇合的家,将他们的家人、财物护送到城外,在以色列人大营旁边暂且安顿。

以色列人屠城之后,在约书亚的命令下放起大火。大火连续烧了几天几夜,繁荣兴盛的耶利哥变成了一片废墟。

看着耶利哥的废墟，约书亚发誓说道："要保留耶利哥的这片废墟，任何人不得重新修建。如果有人重新修建此城，必将受到上帝的诅咒。挖地基的人要死掉长子，修城门的人要死掉幼子。"

耶利哥古城遗址

以色列人绕城的战术，具有心理威慑的作用。这种奇特的、庄严沉默的行军，给耶利哥人造成了极大的心理恐惧。

除此之外，上帝借绕城培养以色列人的信心。绕城行军中庄严肃穆，给围城者提供了很好的静思机会，在静思中培养对上帝的信心。军队服从约书亚的命令，连续绕城六天，在第七天又安静地绕城六圈，直到接到命令，才一起呐喊。以色列人对约书亚的无条件服从，正表明了他们无条件对上帝的顺从。在这重要的时刻，以色列人信心百倍、万众一心，兵不血刃摧毁了城池坚固的耶利哥城。

有人认为以色列人血洗耶利哥城，手段残忍野蛮。但是从《圣经》教义而言，以色列人完全执行了上帝的旨意。上帝曾经给了迦南人多次悔改的机会，但迦南人置若罔闻。迦南人恶贯满盈，宽容他们的时代已经过去了。上帝毁灭他们，是对他们的爱和救赎，避免他们的恶继续加深，或者伤害到别人。

小贴士

哈那克（1851—1930），德国新教神学家、教会史学家。生于爱沙尼亚道尔帕特一个德国移民家庭。先后任教于莱比锡、吉森、马堡和柏林大学，又任柏林科学院院士，柏林皇家图书馆主任。注重从历史角度去研究基督教教义的形成和沿革，强调基督信仰的伦理方面，被视为自由派新教的典型代表。

引蛇出洞占领艾城

千禧年，是基督教教义用语，指的是在世界末日来临之前，上帝治理世界一千年。在这个期间，信仰基督的圣徒复活，和基督一同为王；魔鬼暂时被捆绑，福音顺利传遍全世界。

攻占耶利哥后，以色列人稍事休整，即刻向下一个目标——艾城进发。

艾城是一个小城，人口少，驻兵更少。约书亚派出 3 000 精兵，意图一举拿下艾城。没想到艾城守兵骁勇善战，以色列人不敌，仓皇逃跑。艾城守军一路追击，以色列人一直逃到示巴琳。清点人数，以色列人阵亡了 36 人。

心存必胜信念的以色列人听闻惨败的消息，高涨的士气一下子跌落下来。约书亚接到狼狈逃回的攻城指挥的报告，悲愤不已，他撕裂了衣服，袒露出上身，把灰撒在在场的以色列长老和自己头上，并且带领众人匍匐在约柜前面向上帝祈祷，从清晨一直到晚上。

这次失败的原因有两个：

第一，以色列人不费吹灰之力渡过了约旦河，拿下了耶利哥，滋生了轻敌骄傲的情绪。

第二，上帝晓谕约书亚，以色列人违背了上帝的旨意，在攻打耶利哥的时候，私藏战利品。按照十诫中上帝和以色列人的约定，那些偷来的东西（包括抢掠的）要奉献给上帝，归入府库，不允许有人私藏。

约书亚听了上帝的晓谕，按照抽签的方法，从以色列人中，找出了私藏战利品的亚干。由于亚干一家人都参与私藏战利品的罪行，所以亚干全家被以色列人用乱石砸死，尸体也被焚烧。

约书亚重整军威，第二次对艾城发动了进攻。约书亚将 3 万精兵埋伏在城外，自己带着 5 000 人前去叫阵。艾城守军见对手人数不多，开门迎战，约书亚领兵佯败，艾城人乘胜追击。约书亚的佯败之兵，一直将艾城人引到离城很远的地方。

艾城外的以色列伏兵乘虚而入，放火烧城。追赶约书亚的艾城人，看到艾城浓烟滚滚，情知不妙，转身回返，被以色列人里应外合，全部歼灭。他们生擒了艾城王，将他挂在树上绞死，然后将尸体放在城门口，以色列人往尸体上抛掷乱石，形成了一个乱石堆。

战斗中的约书亚

以色列人冲进艾城，抢掠财物，屠杀艾城人。一共 12 000 名艾城人，死在以色列人的屠刀之下。

暮色笼罩之下的艾城，映现着熊熊烈焰，街道上到处是鲜血和死尸。被大火烧毁的宫殿房屋，不停地坍塌下来。曾经是迦南重镇的艾城，成了一片废墟。

攻占艾城后，以色列人在巴路山上筑起了一座祭坛，祭坛用从未动过的铁器和石块筑成。约书亚带领全体以色列人来到祭坛前，给上帝献上了平安祭和燔祭。约书亚令人将摩西制定的法律刻在石头上，然后约书亚亲自将这些法律宣读给以色列人听。他要求所有的以色列人，无论高低贵贱，都要无条件遵守这些法律。

亚干是“麻烦”或“制造麻烦者”的意思。亚干私藏战利品犯了罪，于是上帝视所有以色列民族都有罪，将福气收回，导致了第一次出兵遭遇惨败。

约书亚撕裂衣服，后来成为犹太人表达悲痛的一种习俗，一般只撕开外衣胸前部分，不超过一掌宽。头上撒灰，则表示更大的悲痛和不幸。

约书亚用没有动过的石头建造祭坛，主要担心一动斧凿，以色列人不由自主地雕刻图像，从而受到崇拜偶像的诱惑。

基遍人的机巧

忍耐顺从说是基督教教义之一。基督教号召人们做到忍耐、顺从、听话，不反抗。《新约·马太福音》说："要爱你们的仇敌，不要与恶人作对，有人打你的右脸，连左脸也转过来由他打。有人拿你的内衣，连外衣也由他拿去。"

一天中午，约书亚在帐篷中休息，下属来报："有远方来的使者求见。"

"从哪里来的使者，他们是干什么的？"约书亚问。

"他们自称是基遍人，远道跋涉而来。说是仰望您的神威，前来立约。"

约书亚和众长老升帐，传令使者觐见。使者神情谦卑，小心翼翼地从手持刀剑的仪仗队前面穿过，走进帐篷。约书亚见来人衣着破旧，满是补丁，风尘仆仆，一副长途跋涉的样子。他们肩上的口袋也十分破旧，缝了又缝。装酒的袋子，干燥开裂。

约书亚问："你们是什么人，从哪里来的？"

来人对约书亚说道："我们是你们的仆人，从极远的地方来的。我们听到了你们的威名，并且也知道了上帝在埃及所行的神迹。我们的长老和我们的居民指派我们，带着饼子和酒，来求你们立约。"

其中一个长老怀疑道："你们的国家恐怕离这里不远，就在迦南吧。上帝应许我们征服迦南之地，我们怎么能和你们立约呢？"

基遍人听了长老的话，说道："我是你们的仆人，的确是来自极远的地方。我们走出家门的时候，饼子还是热的，现在干燥开裂，霉变长毛了；这皮酒袋，出门的时候还是新的，经过了一路风尘日晒，都已经开裂了；我们出门的时候，衣服都是新的，经过了长途跋涉，都已经破旧不堪。请您看在我们诚心的份上，和我们立约吧！"

约书亚被他们的诚意感动了，和众长老商议之后，领受了他们的食物。约书亚等人认为，和一个地处偏远、仰慕自己和上帝的国家友好结交，有益无害。在没有征求上帝意见的情况下，和他们签订和约：既然都是仰慕上帝的子民，以色列人发誓不进攻基遍人，不掠夺他们的财物，不伤害他们的性命。以色列会众首领们纷纷表示，永远不伤害、不侵犯基遍人。

签订完和约后，约书亚带领以色列长老和基遍人使者来到会幕，向上帝发誓，永不反悔。

当天夜里，以色列人盛情款待了基遍人。第二天一早，基遍人告辞离去。第三天，以色列大军继续前行，发现基遍人竟然离他们的大营吉甲很近，就是迦南人！

原来，以色列人攻城略地，让居住在迦南的所有部族感到恐惧。他们有的商议联合抵抗，有的部族则想和以色列人求和。基遍人不善征战，但非常聪明，擅长外交。他们知道，如果和以色列人抗衡，只有死路一条。如果和以色列人谈判，强大的以色列人，怎么能和名不见经传的基遍人谈判呢？于是，他们打扮成远道而来的使者，用机巧骗取了以色列人的信任，签订了和约。

得知这个消息后，以色列人十分愤怒，有些人上书约书亚，执意要将那些基遍人赶尽杀绝。这让约书亚十分为难，因为他无法撕毁自己亲手订立的和约。思前想后，约书亚对全体以色列人发布命令："我们既然已经对这上帝起誓，不伤害他们的性命，所以我们绝对不能违背我们的誓言，惹上帝发怒。但是，我们仍要惩罚他们，让他们世代给我们以色列人为奴，给我们劈柴烧水，听从我们的役使。"

约书亚带兵到基遍人城下问罪，基遍国王带人出来迎接。约书亚质问道："你的使臣为什么要欺骗我们呢？你们犯了欺骗上帝的大罪，必定要受到惩罚！"

基遍国王诚惶诚恐地说道："我们的使臣不是说了吗，我们是你们的仆人。上帝将迦南宝地应许给你们，要您灭绝这里的一切居民。我们只求保全性命，宁愿世代做你们的仆人！"

最终，约书亚放过了基遍人，应允他们做了以色列人的仆人，世代遭受驱使。

以色列人的外交政策中，允许和远方的、顺服的国家订立和约。机智的、精于外交的基遍人正是瞅准了这一点，保全了全民性命。以色列人后来知道和约是在欺骗的基础上订立的，但是依然觉得有义务遵守诺言。所以，基督教认为，承诺一旦做出，只要不强迫人去做坏事，就应该被视为神圣的。

《圣经》研究学者认为，基遍人的政体带有自由民主的色彩，正因如此才保全了基遍人的性命。基遍人在求见约书亚的时候说过"我们的长老和我们的居民指派我们，带着饼子和酒，来求你们立约"。如果他们有国王统治的话，基遍人一定不肯随意向以色列人乞求和约，他们一定会骄傲自大，心存侥幸和其他迦南部族联盟。

上帝要求以色列人杀灭迦南人，一方面是因为迦南人恶贯满盈，上帝要对他们实施救赎；另一方面是要铲除迦南本土宗教的遗毒，避免影响以色列人。以色列人保留了基遍人的性命，给日后埋下了祸殃。后来，基遍各城联合起来，控制了迦南由南到北的主要干线，致使以色列出现南北两国分裂的局面。

闪电战术：两天之内荡平五国

耶路撒冷，可以理解为“和平”、“继承”或者“遗产”的意思。耶路撒冷是宗教圣地，是犹太教、基督教和伊斯兰教的发源地。《旧约》时代的耶路撒冷，和现在的耶路撒冷，无论从地理位置，还是宗教概念上都是一致的。

耶路撒冷国王见基遍人顺服了以色列人，于是联合希伯伦王、耶末王、拉吉王和伊矶伦王，一起兴兵攻打基遍城，以此对抗以色列人。

眼看五国大军压境，基遍人一边坚强抵抗，一边遣人向以色列人求救。基遍使者冲破封锁线，来到约书亚面前：“现在五王的军队即将攻破我们的城池！基遍人是您的仆人，您可不能坐视不管，请求您发兵拯救我们！”

约书亚即刻派遣精兵，救助基遍人。他们星夜紧急行军，以迅雷不及掩耳之势，冲进五国大军。五国联军，本身战斗力不强，而且没有一个权威将帅统领，比较

圣城耶路撒冷

松散，加之夜深，他们万万没想到神兵天降。面对突然袭击，他们从睡梦中惊醒，仓皇出逃。一时间五国联军丢盔弃甲，仓皇而逃。

基遍人见状，从城中杀出。五国联军腹背受敌，惊慌失措。他们一路逃到亚西加和玛基大，来到一个陡坡面前。这时候天色大亮，他们急忙跑到坡顶。

正当五国联军从坡上飞奔而逃之际，天色陡变，乌云压顶，狂风四起。随着一声霹雳，斗大的冰雹从天而降，砸在五国联军的逃兵身上。这时候以色列追兵冲了过来，冰雹就像长着眼睛一样，以色列人所经之处，冰雹即刻停止；五国逃兵所经之处，冰雹纷纷落下，任由他们怎么躲藏，都无法躲避雹灾。一大半逃兵都丧身于冰雹之下。

以色列人追赶逃兵，从半夜到清早，从清早到黄昏。眼看着日暮降临，约书亚担心逃兵在夜色掩护下逃走，于是乞求上帝："全能的主呀，请止住太阳落下、月亮上升的脚步吧！"于是月亮和太阳都静止了，白昼持续，夜间延后，持续了一天时间，以色列人将五国逃兵收拾得一干二净。

五国国王在精兵掩护下逃到山中，躲藏在玛基大洞里面。有密探将五王行踪报告了约书亚，约书亚派人将五王擒获。约书亚召集众军长，说道："你们每个人，将脚踩踏在这些国王的脖颈上。面对这些身份高贵的一国之君，你们不要惧怕，也不要惊慌，要有刚强无畏的信心。上帝要求你们这样对待你们攻打的一切仇敌。"

随后，约书亚将五王斩杀，将他们的尸体挂在五棵树上。黄昏时分，才将尸体放下来，放置到他们藏身的洞穴，用石头将洞口封死。

短短两天内，约书亚将五国城池摧毁，人口杀净，掠得财物不计其数，然后凯旋而归，回到吉甲休整。

基督教义认为，求助是一种信心。基遍人在危难之际能向约书亚求助，表明了对上帝的信心。而作为普通信徒，在遭遇困难或者仇敌逼迫的时候，也要有信心、有勇气向上帝求助。

在这个故事中，上帝用冰雹帮助了以色列人。在此之前的《出埃及记》中，上帝同样给顽固的埃及法老降下雹灾。《圣经》研究学者认为，上帝备有"雹仓"，会在紧要关头使用。

约书亚让人将五王的尸体挂在树上，是为了表示惩戒。至于踩踏五王的脖颈，则是东方的一种习俗，代表完全胜利，同时也能培养将士的信心和胆魄。

以色列人占领迦南

天主教是基督教的主要派别之一。天主教亦称“公教”，公教一词源于希腊文Catholic，意思是“普世的”、“大公的”，所以被称为公教；因为它以罗马为中心，所以又称“罗马公教”。

约书亚扫灭五国后，尚存的迦南各部族感到忧心忡忡。

迦南部族中有夏琐王国。夏琐城城墙坚固，占地80公顷，人口4万，是迦南重镇。夏琐国王有勇有谋，雄才大略，他不甘心自己的领土被以色列人侵占，决定拼死一搏。他联合了迦南各个国家，要和以色列人决一死战。

多个国家组成的人马兵车不计其数，他们旌旗招展，浩浩荡荡，以气吞万里的气势，铺天盖地地向以色列人的驻地挺进。在米伦水边安营扎寨，和以色列大军隔河对峙。

面对如此强敌，约书亚有点担心。上帝晓谕约书亚道：“你们不要惧怕。只要奋勇征战，就能将他们消灭。明天这个时候，我将这些敌人全部交给你们，你们可以砍断战马的蹄筋，焚烧他们的战车。”上帝的晓谕，给了约书亚必胜的信心。他和众长老商议了一番，制订了详细的作战计划：明天一早，趁联军脚跟没有站稳，迅速出击；采用火攻，焚烧他们的战车；用长柄刀枪攻击战马的蹄子，使之丧失战斗力。

第二天一早，天色微亮，以色列人的营中号角齐鸣，杀声震天，军队冲过米伦河，直捣敌营。联军的骑兵刚刚上马，阵形还没有摆好，以色列人就已经冲到了眼前。手持长刀的以色列步兵排在阵前做先锋，这些步兵在身后弓箭手的掩护下，一手持盾牌，一手持长刀，冲过来用刀砍联军的马蹄。片刻之间，联军阵前就倒下了一大片前蹄受伤的战马。联军的阵脚大乱，以色列的弓箭手赶紧上前几步，向战马后面的战车发射带火把的箭。顿时，联军的阵地中火光一片，军队大乱，惊呼四起，一个个丢盔弃甲，只顾逃命。

以色列人一路追赶，杀入城中，不分男女老幼都砍尽杀绝，不留任何一个有气息的活物。血战中夏锁王英勇战斗，直到力气用尽，被以色列人乱刀砍死。约书亚听到城中已经没有喊杀声了，就鸣金收兵，然后令人放火焚烧了夏锁城，这样才使以色列人消解心头的仇恨。

接下来几个月里，以色列人四面出击，夺下了北方山地和高原的全部城市，他们把见到的每一个土著居民都斩尽杀绝。但是除了夏锁城以外，以色列人再也没有焚烧一座城市。他们把这些城市里的房屋、牲畜和财产都留下来，据为己有。自此之后，以色列大军基本控制了迦南地区，迦南再也不会出现有组织的抵抗了。约书亚将土地分派给以色列的各个支派。以色列大军占领迦南以来，除了基遍和希未两个部落，低头臣服躲过了以色列人的剿杀之外，其余所有部族都被以色列人武力消灭。以色列人先后灭掉了迦南 31 个国家。至此，以色列人全部占领了迦南。艰难困苦的迦南之路，以一种胜利的、辉煌的色彩闭幕。

夏锁遗址

约书亚在 110 岁的时候去世，以色列人将他安葬在法莲山上的亭拿希烈。

在行进迦南途中，每遇到大的险阻，上帝总会施以高超的法术，帮助以色列人渡过难关。这次约书亚面对强大的联军时，上帝及时出现，给了约书亚以必胜的信心。上帝这样帮助以色列人，并不是代替他们包揽一切，而是增加他们的信心，激励他们自己积极去行动。

上帝消灭迦南人，有双重性的目的。第一，对那些死不悔改的迦南人，坚决消灭，因为已经给了他们足够悔过的机会。消灭他们，是救赎，是爱。第二，在以色列进军迦南过程中也有特例，就是基遍人和希未人，因为顺服躲过了杀戮。这充分说明，只要迦南人愿意讲和，宣布放弃他们的偶像，真诚顺服上帝，就不会给以色列人构成威胁。那么，剿杀这些顺服的人，也就失去了正当性。从妓女喇合、基遍人和希未人的结果看来，这种可能性还是很明显的。

小贴士

怀海德(1861—1947)，英国数学家、宗教哲学家。他出生于英国的肯特郡，在美国马萨诸塞州剑桥逝世。著有《历程与实在》，因书中为有神论辩护而著名。

第三编

士师时代

以笏：士师时代的伟大刺客

天主教会有一套严格的教阶体制，主要反映在神品方面。天主教的神品分为七品：司门员（一品）、诵经员（二品）、驱魔员（三品）、襄礼员（四品）、副助祭（五品）、助祭（六品）、主教（七品）。前四品为低级神品（亦称小品），后三品为高级神品（亦称大品）。随着教会发展的需要，主教品位又分为主教、大主教、宗主教、枢机主教（红衣主教）。

约书亚死后，以色列各支派分封的领域内，依然残存着零散的迦南人。这些残留的迦南人，是上帝特意留存的，目的是要检验那些没有经历过迦南战争的以色列人。用这些迦南人来磨炼他们的心智，试验他们的信心。

约书亚去世后，以色列民族再也无法推选出一个强有力的领袖来统领全族。于是，以色列各个支派各自为政，他们之间也越来越不团结了。长久飘荡在沙漠旷野中的以色列人，文明程度远远比不上富庶的迦南人。他们来到迦南定居后，向那些幸存的迦南人学会了耕种，由游牧民族逐渐向农耕民族过渡。对农作物的依赖，使他们逐渐忘记了上帝的叮嘱，开始崇拜迦南居民所敬奉的农业保护神——巴力。除此之外，他们还对亚斯他录顶礼膜拜。因为他们认为，巴力和亚斯他录能使风调雨顺、农作物丰收，还有消除灾难的法力。以色列人还和迦南人通婚。上帝见到这种情况，决定惩罚以色列人。

随着以色列人的懈怠，残存的迦南人逐渐发达、强大起来。时隔不久，以色列人纷纷沦落于迦南人的统治之下，饱受迦南人的奴役。遭受苦难的以色列人悔恨异常，他们哀求上帝，拯救他们于水火之中。上帝让士师在以色列人中产生，将受苦受难的以色列人拯救出苦海。

当时摩押王伊几伦，联合亚扪人和亚玛力人，抢夺了以色列人的大片土地，残酷奴役、压榨以色列人，强迫他们缴纳很重的税赋，以色列人苦不堪言，怨声载道。

夏日的一天，摩押城内的铁匠铺，酷热异常。生意冷清的打铁人，正要熄掉炉火休息，从门外来了一个身材魁梧的人。他左手拿着一根精钢铁柱，说道："给我打造一把一肘长的利剑，三天后来取。"说完将一把银钱放在打铁人的破桌子上。

看到一个这么好的生意，打铁人兴奋不已。他使出最好的本领，将那个左撇子带来的精钢不停锻造。三天后，一把削铁如泥的短剑打造好了。前来取剑的左撇子,十分满意,再次打赏,持剑而去。

左撇子将利剑藏在裤管里,携带名贵供品去见伊儿伦王。守卫对左撇子进行了搜身,唯独没有搜腿部。因为那时候,刺客和剑客从来没有腿部带刀剑的习惯。

身材肥胖的伊儿伦坐在高台上,两边侍从给他打着薄扇,他神态慵懒,表情惬意。看完左撇子奉献的礼物之后,刚要赏赐,左撇子说道:“尊贵的陛下,我还有十分机密的事情向您禀报,请您屏退左右。”

国王让左右退下,左撇子近前,突然拔出宝剑,伊儿伦还没明白怎么回事,利剑已经割断了他的颈脉。伊儿伦来不及叫一声,就倒在地上死去了。鲜血汩汩流出,染红了地面。

左撇子将国王刺杀之后,把前门从里面封死,从后窗跳了出去,悄无声息地转到前门。被屏退的手下见左撇子出来,问道:“国王允许我们进去了吗?”

左撇子回答:“国王陛下正在大便,请你们稍等。”说完,神情自若地走了出去。

良久,下属们不见国王召唤,走到宫门前查看究竟,却发现大门紧闭,敲门,里面悄无声息。他们不敢莽撞,耐心等待。最后还是起了疑心,将门撞开,里面的景象让他们大吃一惊:平日里作威作福的国王早已死去多时了!

这时候,左撇子已经回到以色列人那里去了。他就是以色列人著名的士师以笏。在他的带领下,以色列人击败了摩押人,获得了自由和解放。以笏担任士师80年,国泰民安。

这个故事出自《旧约·士师记》。约书亚去世后,以色列人进入士师时代。士师,是“法官”、“审判者”的意思。士师是由上帝选派而来、具有特殊能力的人,来担当以色列人的领袖。他最重要的作为,不是审理案件,而是拯救以色列人脱离外邦统治者之手。故事中的以笏,是士师时代的第二位士师。

在《约书亚记》中,以色列人节节胜利,扬眉吐气;在《士师记》中,以色列人饱受压迫。他们之所以失败,是因为失去了对上帝的信心,崇拜偶像,行不良之事。但是,上帝又不忍心看着他们受苦,所以派遣士师拯救他们。这反映了上帝公正、仁慈的性情。

《士师记》中的故事警示基督教圣徒:一个人的安全和兴旺,有赖于他们对上帝的信心和顺服。

女中豪杰底波拉和雅亿

天主教领导中心设在梵蒂冈，首脑是教皇，实行集权制，教皇掌管除中国以外的世界各地的传教事业，有权任命各地的主教，是大部分天主教徒的精神领袖。

在秀丽的法莲山上，有一位年轻美丽的女诗人叫底波拉。她经常在法莲山大道的棕树下，朗诵诗歌，组织聚会，给过往客人预卜未来。不久，她的名声四处传播。人们尊敬她、信任她，将自己的烦恼说给她听，她帮人排忧解难；人与人之间发生了争执矛盾，找她调解；家族和宗族之间出现争端，也请她去处理。渐渐地，她在以色列人中间树立起来了很高的威信。人们把底波拉当作先知，认为上帝在借她的口说话。

自从以笏死后，以色列人又干起了上帝憎恶的事情。上帝为了惩罚他们，把他们置于夏琐王的铁蹄之下。夏琐国国力强盛，兵强马壮，有战车 900 辆。统帅西西拉骁勇善战，胸怀韬略。以色列人饱受夏琐王的残酷欺压，怨声载道。

有一天，底波拉对以色列人的族长说："现在到了起兵反抗夏琐王的时候了。在基底斯有一个人叫巴拉，他智勇双全，可以做我们的统帅。"

族长听后，即刻派人请来巴拉。底波拉对巴拉说："你肩负着解放以色列人的使命，必将成为以色列民族的大英雄。你率领一万兵马，聚集在他泊山，我们一定会让西西拉全军覆没。"

巴拉没有经验，有些不自信，他说："我有什么资格担当如此重任呢？你若和我同去，我就去；你若不同我去，我也不去！"在当时的情况下，只有女先知底波拉出面，才有可能号召广大的群众，使这场战争成为一场圣战。考虑到这个因素，底波拉同意了巴拉的要求。她鼓励巴拉："你放心吧，上帝会与我们同在的！"于是，巴拉从西布伦和拿弗他利人中，精挑细选了一万名强壮男子，组成了起义军，聚集在他泊山，伺机行动。

夏琐王听到了这个消息，命令西西拉倾全国之兵，前去镇压。西西拉的 900 辆战车和大批人马赶到基顺河谷，突然雷电交加，暴雨倾盆，基顺河谷变成了沼泽地，西西拉的战车陷在泥浆中动弹不得，马匹也在泥浆中踌躇不前。底波拉见状，一声号令，以色列人如猛虎下山一般冲进了夏琐军中，展开了一场激烈的厮杀。顷刻间，西西拉军队的士兵死的死，逃的逃，全军覆没。

西西拉见大势已去，跳下战车，仓皇地向雅亿家帐篷跑去。雅亿夫家希百，和夏瑣王家族是世交，也是西西拉的好友。西西拉认为，希百家是最好的避难之地。他来到雅亿家里，正赶上希百外出，雅亿将西西拉藏在帘子后面，用毛毡掩盖起来。西西拉叮嘱雅亿："请你站在帐篷门前，给我望风。"

雅亿说："你放心吧，我会认真守护你的。"

听了雅亿的话，西西拉放心了，在疲倦中不知不觉沉睡了过去。

西西拉万万没有想到，他认为这个最安全的避难之地，却是最凶险的丧身之地。雅亿用手推推西西拉，见西西拉毫无知觉，睡得很死。就找来锤子和一个尖利木棍，将木棍从西西拉的太阳穴钉了进去，西西拉一命呜呼。

女先知

原来，雅亿是摩西内弟何巴的后代，和以色列人是近亲。这种血缘关系，使得雅亿潜意识里心向以色列人，而且对于异族的统治心怀怨恨。

西西拉死后不久，追兵就赶到了，雅亿将西西拉的尸体交了出来。

就这样，雅亿杀帅的事迹，很快在以色列人中间传颂开来，被以色列人称为女中豪杰。而另一个更伟大的女中豪杰底波拉，乘胜追击，消灭了夏瑣国，将遭受奴役的以色列人彻底从异族统治中解救了出来。

底波拉在位 40 年，以色列人享受了 40 年的和平时光。

底波拉号称"以色列之母"，是士师时代唯一的女士师。在乱世之中，一个女子能担当解放以色列人的重任，除了她本身具有的才能之外，还有对上帝的无限信服。同样，雅亿也是一个柔弱的女子，但是她勇敢而富有智慧。她机智地将逃亡的西西拉稳住，然后将骁勇的敌帅杀死。对上帝的信任，使雅亿明辨是非，选择了正确的行为，为以色列人的解放作出了重要贡献。

基甸摧毁巴力祭坛

天主教认为，人的物质生命是暂时的，而灵魂可以得到永恒的生命。凡信耶稣者，圣灵进入内心，获得拯救，死后灵魂可升入天堂，得到永生。

在俄弗拉，有一个贫穷的农户之家，父亲叫约阿施。他有一个二十多岁的儿子基甸，基甸自小聪慧神勇，心怀大志。

当时，米甸人残酷奴役着以色列人，长达七年之久。每到收获季节，米甸人纠集亚玛力人和其他游牧部落，像蝗虫一样蜂拥而至，他们在以色列人的田地里放牧，骆驼、马匹、牛羊无情地践踏地里的小麦、蔬菜和葡萄。这些来自沙漠的强盗见什么抢什么，不管是粮食还是牲畜。软弱无助的以色列农夫只好逃到山上去，躲进洞里。

这年秋天，基甸和父亲正忙着收割麦子，储备好粮食后，到山上躲避米甸人的骚扰。中午时分，基甸在橡树下休息，天使来到基甸身边："你是天生的勇士，上帝和你同在。"

"上帝和我们同在？果真如此，我们又何必沦落到吃糠咽菜、受人欺凌的地步呢？"基甸说。

天使说道："我受上帝指使，前来委你重任，去解放以色列人。"

"我怎么有能力担当这个重任呢？"面对天使的话，基甸很不自信。

天使说道："相信上帝和你同在，就能轻易战胜米甸人。"

"我凭什么相信你是上帝的使者呢？"

天使让基甸预备一只山羊和一伊法细面无酵饼，说道："我会向你证明，我是上帝的使者，有能力使你蒙恩。"

基甸按照天使的吩咐，找来山羊羔，做好无酵饼，用筐子装着羊肉和饼，提着一壶汤，来到一块磐石面前。基甸将肉和无酵饼放在磐石上，将汤淋在上面。天使用手杖指点磐石，磐石喷发出一股烈焰，瞬间将饼和羊肉烧毁得一干二净。亲眼见证了天使的法力，基甸对自己有了信心。

那时候，以色列人再次忘掉了耶和华的恩德，崇奉起迦南人的神来。他们对巴力的崇拜，达到了狂热的程度。上帝吩咐基甸："你要建立自己的威信。今晚你要将供奉巴力的祭坛拆毁，把木头雕刻的巴力像劈裂，并用一头牛作为燔祭。"

当晚，基甸背着父亲，从家里牵出那头年满七岁的牛，拿着斧子，砍碎了巴力神像，拆除了巴力神坛。

第二天清早，人们发现巴力神坛不见了，又惊恐又愤怒。当得知这是基甸所为后，愤怒的俄弗拉人来到基甸家里，要将基甸处死。基甸父亲约阿施见多识广，十分明智。面对愤怒的人群，他冷静应对：“如果巴力是真神，我儿子的行为必定要遭受巴力的惩罚。何必劳驾你们动手，背负杀人之责呢？你们不妨将他交给巴力吧！”

燔祭

来人觉得有理，纷纷散去。数天过去了，基甸安然无恙，人们认定巴力是欺骗他们的假神。基甸拆除神坛的行为，被人们所赞许。人们敬仰他，认为他有勇气，敢作敢当，能成大事。以色列人将获得解放的愿望寄托在基甸身上。

基甸中午在橡树下休息。在《圣经》中，橡树往往和神谕有关。他牵了一头七岁的牛做燔祭，表明以色列人遭受米甸人压迫的七年。燔祭结束，他们遭受压迫的日子也就要结束了。

上帝降大任给基甸是有策略的。摧毁巴力神坛，是对基甸信心的试探，也是为了培养基甸在以色列人心中的威望，为以后统领以色列人进行抵抗运动打下基础。

小贴士

林语堂(1895—1976)，出生于一个基督教家庭，父亲是传教士，母亲是基督徒。父亲对西学的了解促成了林语堂进入上海圣约翰大学学习，也是在这里他掌握了自己所钟爱的英文，深入了解了另外一种文化和思维方式。之后他到清华大学任教，在这里才深刻接触和体会中国的传统文化。从此开始了自己信仰的反思，踏上寻找信仰之旅，最终皈依基督教。

三百人破十三万人：基甸领导下的战争奇迹

教士，指的是在基督教会中任职、负责教务的神职人员。

基甸破除巴力神坛之后，在以色列人中威望大增。但是他仍旧没有信心，于是对上帝说道："全能的上帝，您要我肩负重任，就请您显现灵验，来增加我们的信心。我现在就将一团羊毛放在地上，如果第二天一早羊毛被露水打湿，而羊毛周围的土地都是干燥的，我相信所有的以色列人都会看到上帝的力量。"

第二天一早，基甸看到羊毛周边的土地十分干燥，在清晨的微风中飞荡着细碎的尘土；而羊毛被露水打湿，用力一拧，整整拧出来一盆水。基甸说道："我要再试验一次，请全能的上帝不要发怒。我将毛线放在地上，毛线是干的，其他地方是湿的。这样，大家就知道上帝和我们同在了。"

第二天，奇迹再次发生了，基甸和其他以色列人对上帝深信不疑。于是，基甸开始招募人马，伺机起义。很快，他招募到了一支三万两千人的队伍，在哈律泉边安下营寨。上帝对基甸说道："这支队伍人数太多了，我不能将米甸人交给你们，免得以色列人妄自尊大，认为是自己战胜了米甸人。"基甸也认为，这样的战役，没有一支精锐部队，是很难取胜的。基甸召集队伍发表讲话："我们面对的，是拥有数倍于我们的强敌，谁都有流血死亡的危险。现在请大家想清楚，如果害怕死亡，现在就可以退出。"在他的劝说下，那些意志不坚定的人都回去了，只留下了一万精兵。

上帝认为人数还是过多，他晓谕基甸："你把他们带到河边，我会帮你挑出最精锐的士兵。"傍晚时分，基甸带领士兵到河边饮水。他看见有的士兵放下武器，趴在河边一阵狂饮，有的士兵手握刀剑，警惕万分地东张西望，然后迅速低头喝几口，再起身张望。基甸让那些放下武器喝水的士兵们在大营待命，带着剩下的三百名士兵，组成了一支突击队。

米甸人听闻基甸招募人马，就联合玛利亚人、东方人，组成了一支十三万人的队伍，发誓要荡平基甸的起义军。他们在耶路斯列平原安下大营。夜幕四垂，基甸带着仆人普拉下到平原敌人的营地里去探听虚实。淡淡月光下，他们看见米甸人的营房，黑压压一片漫无边际，营房外的骆驼车马不计其数。基甸躲在敌人的草料

以色列人对上帝感恩

堆后面，听见两个米甸人在谈话。一个人说：“昨天晚上我做了个奇怪的梦，梦见一个大麦饼滚入米甸营中，一直滚到帐幕那里，将帐幕都被撞塌了。”另一个米甸人说：“这是以色列人基甸的刀，神已经将我们的性命交到他的手中了。”

基甸听罢，大受鼓舞。他立即回到以色列营中对勇士们说：“起来吧！耶和华已将米甸的军队交到你们手中了。”基甸将三百名奇袭队员分成三组，每组一百人，每人手拿一个号角和一个空罐子，罐子内藏好火把，他吩咐道：“你们看我命令行事。我所在的这一组吹响号角的时候，你们开始行动，吹响号角，高声呼喊：‘上帝和基甸的刀’。”

三更时分，米甸大营一片沉寂，人马都进入了梦乡，巡逻的士兵也懈怠了，站在那里直打瞌睡。突然，米甸大营四周号角声骤然响起，三百勇士点亮火把，高声呼喊：“上帝和基甸的刀！”

米甸人在睡梦中惊醒，他们听见四周全是呐喊声和号角声，火把在远处的夜空若隐若现，不知道到底来了多少以色列人，以为陷入了以色列大军的包围之中。他们仓皇逃跑，基甸带领的军马在后面乘胜追击，一路上米甸人死伤无数，有四个首领被斩杀。

首战大捷后，基甸带领以色列人从米甸人的枷锁下挣脱出来。基甸在位四十年之久，期间以色列人安居乐业。

上帝削减基甸的人马，一方面是为了让以色列人知道：他们的胜利，全部依赖全能的上帝；另一方面，也让强大的米甸大军放松了警惕。米甸人统治以色列人七年，认为以色列人已经十分衰弱；加之基甸招募的起义军，总数才一万人。所以，米甸大军的傲慢、轻敌心理，是可以想象的。还是应了那句话：人最大的敌人就是自己。这句话送给米甸大军同样合适。米甸人不是被基甸打败的，而是败于自身。

小贴士

刚恒毅(1876—1958 年)，字高伟，意大利人。中国天主教历史上著名的人物，第一任罗马天主教宗座驻华代表，是教廷首任驻华代表、主徒会创办人，后升任传信部次长。主徒会为纪念他，在台北创办了恒毅中学及恒毅月刊。

耶弗他和他的女儿

神职人员：天主教和东正教领受过神品、担任过教会职务者的统称，包括主教、神父和修士。

在约旦河附近的荒漠中，纵横驰骋着一群绿林豪杰，他们打家劫舍，抢掠财物。首领名叫耶弗他，出生在基列的一个牧羊人家庭。基列位于亚嫩河与雅博河之间，是一个以色列人聚集的地方，主要从事畜牧业。耶弗他父亲去世后，兄弟之间开始争夺遗产。因为耶弗他是父亲和一个妓女所生的，所以受到了家庭和当地长老的排挤，无奈之下逃到荒漠之中，当了土匪。

当时的以色列人，处在亚扪人的统治之下，遭受奴役，过着暗无天日的生活。他们一心想发动起义，推翻亚扪人的统治，但是没有一个合适的首领。基列人想到了骁勇善战的耶弗他，认为他是最合适的人选。于是，基列长老携带重礼，求见耶弗他，请他出面，推翻亚扪人的统治。

面对长老们的请求，耶弗他心里十分矛盾。一方面作为以色列人，他对亚扪人的统治早就不满；另一方面，旧日的怨恨困扰着他。他说："当初你们是怎么待我的，干涉我的家事，处事不公，联合我的兄弟，将我赶出家门。"

听了耶弗他的质问，长老们面色惭愧，对耶弗他晓以大义："过去的事情，全是我们的错，暂且不要提它了。现在，请以部族大义为重，带领我们赶走亚扪人。难道你眼睁睁看着你的同胞，日复一日遭受异族的欺凌吗？"

耶弗他心怀顾虑："我有什么资格和威望来领导以色列人起义呢？"

长老们见耶弗他口风松动，大喜过望："这个请您放心。我们对着上帝发誓，一定遵从您的指挥！"

耶弗他带领全部属下，来到了基列，他一边招募人马，一边试图和亚扪人谈判，以求和平解决。但是，实力强大的亚扪人，非但不肯和以色列人和谈，反而派出大批军队，要剿灭耶弗他的起义军。

面对汹涌而来的亚扪大军，耶弗他对着上帝发誓道："我全能的主啊，请你和我们同行，将亚扪人交到我们手中，让我们大胜而归！只要我们能打退亚扪人平安归来，我就将第一个从我家门出来迎接的人，作为燔祭奉献给您。"

得到上帝相助的耶弗他，将来犯的亚扪大军杀得片甲不留，攻取了亚扪人二十多个城池，彻底推翻了亚扪人的统治，将遭受奴役的以色列人解救了出来。

凯旋而归的耶弗他回到了自己的家乡。家乡人们载歌载舞，热情迎接他这个大英雄。耶弗他穿过夹道欢迎的乡亲，来到了自己家门前。这时候家门打开，自己的独生女儿身穿盛装，欢歌舞蹈地出门迎接父亲。耶弗他看到女儿，大惊失色，他撕裂衣服，悲痛万分："我曾经发誓，要将第一个迎接我的人燔祭给上帝，没想到竟然是我的独生女儿！上帝呀，您教我如何是好呢！"

深明大义的女儿知道父亲对上帝的誓言无法收回。她对父亲说道："父亲，既然您对上帝已经许愿，就要坚守诺言，因为上帝将亚扪人交付给了您，让您大胜而归。"

女儿越是如此，耶弗他心里越是难受，他慈爱地抱着女儿，痛不欲生。女儿说道："父亲您不要悲伤，我有一个请求请您恩准：我要和我最好的朋友到山上去，两个月之后会下来。在这两个月中，我会为自己的命运哀哭。"

两个月后，女儿从山上下来。耶弗他含着泪水，将自己的女儿给上帝做了燔祭。从此以后，以色列人中多了一条规矩：以色列人女子每年都要身着丧服，为耶弗他的女儿哀哭四天。

耶弗他后来担任了六年以色列人的士师。耶弗他去世后，被葬在基列的一座城中。

耶弗他是妓女的私生子，出身卑贱，却做了以色列人的士师。这表明了基督教"人人平等"的价值取向。

耶弗他尽管身为草莽豪杰，但是他心智精细。为避免战火绵延，首先想到和亚扪人和谈。和平的方法无效之后，才动用武力。他深明大义，不计前嫌，抛开了个人恩怨。为了赢得以色列人的自由，他不惜发下重誓，用自己的家人作为燔祭。这充分表明了耶弗他在民族存亡之际的高风亮节。这种品格，对现代人，都有普世的借鉴意义。

耶弗他的女儿在燔祭之前是一个处女。以色列人认为，女人一生不出嫁、不生育是最大的耻辱。所以，耶弗他的女儿认为自己燔祭后能终身不嫁，专心侍奉上帝，是最光荣的事情。

英国诗人拜伦，也曾写过一首名为《耶弗他之女》的诗歌，深情歌颂耶弗他女儿的事迹。

力士参孙徒手撕狮

平信徒：基督教无神职的一般教徒。

夜幕降临，热闹的琐拉城沉寂下来。劳累了一天的玛挪亚和妻子躺在床上十分忧愁："我们年事已高，膝下无儿无女，这可怎么办呢！"两人感叹着，忧郁着，不知不觉进入了梦乡。

第二天一大早，玛挪亚被妻子摇醒。妻子满面红光地说道："昨晚我梦见上帝的使者了。他告诉我将要生下一个孩子，叮嘱我不要饮酒，远离一切不洁之物。天使说，孩子生下来就归于上帝做拿细耳人，不要给他剃头。他将来要领导以色列人摆脱非利士人的欺压！"

玛挪亚听了，惊喜万分。时隔不久，孩子降生了，起名参孙。参孙出世前，以色列人被非利士人所奴役、统治。

随着一天天长大，参孙表现出了超乎寻常的禀赋。他聪明机智，力大无穷。有一天他和父母途经野外的葡萄园，突然间从葡萄园中窜出一头雄狮，咆哮着向他们扑来。参孙迎了上去，将狮子打倒在地，一下将它撕成了两半。围观的人见状，一个个目瞪口呆，他们惊恐地跪地祷告："天神降临了呀！"

时隔数日，参孙经过空手撕狮的地方，看到死狮子的嘴巴四周停留着很多蜜蜂。参孙走近一看，原来在狮子嘴里有一大块蜂蜜。参孙赶走蜜蜂，掰开狮子嘴巴，取出蜂蜜，回家孝敬给了父母。

从此，大力士参孙的盛名传遍了整个琐拉城。

一天，参孙在附近的亭拿城看见一个美貌女子，这名女子是非利士人。参孙不顾家人反对，托人向女子求婚，并且经常往亭拿跑，和女子幽会。家人没有办法，只好应允参孙娶了那位女子。

两人挑选良辰吉日举行了婚礼，按照非利士人的风俗习惯，新娘家要摆上酒席，连续庆祝七天。参孙岳父很有钱，酒宴十分丰盛，而且还请了三十个亲戚朋友，过来陪酒。

席间，参孙忽然想起狮子口中的蜂蜜，说道："我现在给你们出一个谜语，七天之内，你们要是猜对了，我就给你们三十件外衣，三十件衬衣；要是猜不出来，你们给我三十件衬衣，三十件外衣。"

参孙的婚宴

非利士人觉得自己人多势众，说道：“什么谜语能难倒我们这么多人？”

参孙说道：“吃的从吃者出来，甜的从强者出来。”

非利士人被这个古怪的谜语难住了，一连三日苦思冥想，猜不出是啥东西。第六天晚上，眼看着期限快到了，非利士人威胁参孙妻子说：“你忘记我们是同族人吗？你丈夫用这样的谜语刁难我们，这不是诚心勒索我们的财物吗？你不替我们感到难堪吗？你快点哄你丈夫将谜底说出来，否则我们烧了你家的房子！”面对威胁，参孙的妻子很害怕。晚上，新娘子在被窝里哭哭啼啼地对参孙说：“你不信任我，更不爱我。你出的谜语，为什么连谜底也不告诉我。”参孙只是支支吾吾搪塞地说：“连我父母都不知道，怎么能告诉你呢？”但是他的妻子就是不依，又是撒娇，又是哭闹，软磨硬泡，逼得参孙没有办法，只好把谜底说了出来。妻子从参孙口中得知了谜底，第二天一早告诉了非利士人。在酒宴上，非利士人对参孙说道：“有什么比蜂蜜更甜，有什么比狮子更强大呢？”参孙的谜底正是一头狮子嘴里有蜜，当他得知妻子骗了他，十分生气。但是一时间，从哪里弄那么多衣服呢？对参孙这样的小户人家而言，三十件衬衣、三十件外衣，是一笔不菲的花销。思前想后，参孙夜间来到了亚实基伦，杀了三十个非利士人，抢走了他们的衣服，作为赌资交给了陪酒的非利士人。

所谓拿细耳人，就是洁身归主的人。他们一般不剃发，不饮酒。最初的拿细耳人具有特殊超凡能力，比如参孙。孩子出生后要成为拿细耳人，怀胎的母亲也要受拿细耳人的条例。所以天使晓谕参孙母亲，不要饮酒，远离不洁之物；及至后来，将那些甘心发愿在一定期间内离俗承担任务者，称之为拿细耳人。早期的拿细耳人身上有“主的灵”，易于冲动，有内心灵性喜乐，热情而精力充沛。参孙是“小太阳”或“像太阳者”的意思，他就是这种性格的人。

大力士只身夜毁城门

神父：也称为神甫，天主教、东正教的一般神职人员，协助主教管理教务，通常是一个教堂的负责人。

由于妻子向非利士人私自泄露了谜底，婚宴结束后，参孙一怒之下将妻子一人留下，自己离开了岳父家。

几个月过去，转眼秋天来了。怒火渐消的参孙去亭拿岳父家接妻子，却发现岳父已经自作主张，将女儿改嫁了。参孙将一股怒气全部撒在非利士人身上。他从野外捉了300只狐狸，将他们的尾巴成对绑在一起，用火点着。受惊的狐狸跑进非利士人的庄稼地，大片的麦田、葡萄园和橄榄园，被火点燃。非利士人一年的辛劳化为灰烬。

愤怒的非利士人迁怒于参孙的岳父，放火烧了他家。参孙知道此事后说道："你们既然这么蛮不讲理，我就会给你们更大的报复。"于是，参孙躲在亭拿的交通要道，只要见到非利士人，就冲上去将他们杀害。亭拿人吓得躲在城里不敢出来。很快，亭拿城内粮食被吃光了，全城人面临着大饥荒。

非利士国王听闻此事，派兵捉拿参孙。参孙一个人活动自由，非利士大军找不到他，以血洗琐拉城相威胁，逼迫犹太人交出参孙。胆小的犹太人按照非利士人的命令，带着3 000人来到参孙藏身之地。参孙是一个讲义气的人，害怕犹太人受连累，于是顺从地让犹太人用绳捆索绑，来到非利士人面前。

看着劲敌毫不费力地落入了自己手中，非利士人得意洋洋，他们将参孙团团围住，又是唾骂，又是嘲笑，有几个胆大的人，还对着参孙拳打脚踢。参孙大怒，用力将绳索挣断，捡起身边的一根驴腮骨，一顿乱打，1 000名非利士人被参孙打死，余下的仓皇逃走。

望着远去的逃兵，看了看地上成堆的死尸，参孙觉得心中十分畅快。他高声叫道："我用驴腮骨杀人成堆，用驴腮骨杀了1 000人。"话音未落，伸手将驴腮骨扔了出去，那个地方后来被人称为拉末利希。

自此以后，参孙的勇猛在以色列人中家喻户晓。人们尊重他，敬畏他，认为他是上帝派来拯救以色列人的大英雄，于是纷纷推举他为以色列人的士师。参孙当了20年士师，在此期间，由于忌惮参孙的勇猛，非利士人一直不敢轻举妄动。

3 000犹太人捉拿参孙

从这以后，参孙自持勇猛，经常单独出没于非利士人聚集的城镇。一天晚上，参孙在商业重镇迦萨，夜宿于一个妓院，迦萨王得知参孙夜宿的消息，派重兵埋伏在城门，意欲将其擒获。参孙在妓院高楼上，看见了迦萨的部队向城门集结，感觉到了危险。半夜，参孙悄悄离开了妓院，走到城门前。守城的士兵没想到他这么早离开，此时正在呼呼大睡。参孙打死了守门官兵，却找不到城门钥匙，情急之下将城门拆毁，扛着千钧重的门框、门板出了城，一直来到希伯伦前面的山顶上。

有专家认为，以色列地区的狐狸很少见，而且狐狸不是群居动物，参孙一下子捕捉300只狐狸，是不可能的。他们据此推测，参孙所捕捉的，可能是繁殖较多的豺。

迦萨是非利士最南端的城市，是商业重镇，距离希伯伦山顶大约61公里之遥。当时的城门，门扇上有铁板，镶有铜钉装饰，说起千钧之重，毫不为过。参孙赤手空拳拆毁城门，而且还扛了那么远，可见其神力无比，世所罕见。

小贴士

马丁·路德·金(1929—1968)，美国基督教新教南浸礼会黑人牧师，著名的美国黑人民权运动领袖，1964年度诺贝尔和平奖获得者，有“金牧师”之称。

从英雄到囚徒：沉溺妓女酿下的恶果

主教，意为"监督者"，《新约圣经》指对一定区域教会进行监督的管理人员。主教是施行主教制的教会中品位最高的神职人员，相传为使徒的继承人。

力士参孙在去世前，疯狂爱上了非利士妓女大利拉，经常夜宿大利拉家，整夜纵情。

非利士人认为这是除掉参孙的大好机会，用重金贿赂大利拉："参孙是我们非利士人共同的仇敌，我们要同仇敌忾，一起对付他。我们唯一忌惮的是参孙的神力。你如果能从他口中得知他为什么会有这么大的力量，用什么方法可以将他制伏，我们就赏给你一百舍客勒银子。"

面对重金的诱惑，大利拉答应了非利士人的请求。当天夜里，大利拉使出浑身解数和参孙调情。在参孙渐入佳境、神魂颠倒之际，大利拉问道："我崇拜的人呀，你威武盖世，非凡的神力是从哪里来的？"

"上帝给的。"参孙随口一说。

大利拉见参孙对自己的问话毫不防备，接着问道："你是天下第一，除了上帝，就没有制伏你的方法了吗？"

聪明机智的参孙，知道大利拉在套他的秘密，哄骗她说："用七条未干的青绳子捆绑，就能将我制伏。"

参孙与大利拉

大利拉信以为真，趁参孙熟睡的时候用七根青绳子将参孙捆绑住，然后大叫："非利士人来捉拿你了。"参孙被惊醒，从床上一跃而起，稍微用力，绳子断成了数节，埋伏在窗外的非利士人仓皇逃走。看着惊讶的大利拉，参孙哈哈大笑。大利拉说道："好险！我刚才听见窗外有声响，要不是我及时叫醒你，你恐怕早就丧命了。"参孙明明知道是大利拉在捣鬼，装作信以为真的样子，对大利拉连声致谢。

第二天夜里，参孙要求和大利拉寻欢，大利拉佯装推辞："你对我不真心，欺骗我。你如果真的喜欢我，就将你身上的秘密告诉我，否则你永远也别碰我。"

欲火焚烧的参孙，为了满足欲望，再次哄骗大利拉："用没有使用过的新绳子捆绑，能消去我身上的力气。"大利拉听了暗自欢喜，然后和参孙纵情玩乐。等参孙入睡后，大利拉让埋伏在窗外的非利士人用新绳子将参孙捆绑，故伎重演高声呼喊，参孙醒来，又将绳索挣断了。

第三天晚上，面对参孙同寝的要求，大利拉表情冷漠，要求他说出身上的秘密。参孙再次哄骗道："将我的头发梳成七绺，互相编织，我身上的力气就会消除，变成一个普通人。"夜间，大利拉趁着参孙熟睡，将他的头发编织起来。参孙从梦中醒来，依然力大无穷，非利士人拿他没有办法。

一连三次受骗的大利拉恼羞成怒，她质问参孙："你反复说过你爱我，可为什么接二连三地欺骗我呢？"于是做出要离开参孙的样子，逼迫参孙就范。参孙沉溺于妓女大利拉的柔情，终于说出了自己的秘密："剃掉我的头发，我的力气就消除了。因为我从落地开始，就是拿细耳人了，剃刀从来没有碰过我的头皮。"

参孙推倒庙柱

大利拉担心再一次受骗："我怎么能相信你呢？"

"我对上帝发誓。"参孙说。

大利拉欣喜若狂，将秘密告诉了非利士人。在参孙熟睡的时候，大利拉剃掉了参孙的头发，参孙变得软弱无比，被非利士人擒获。非利士人将他带回迦萨，用刀剜去他的双眼，给他带上手铐脚镣，鞭打他、摧残他，让他整日整夜在监牢里面推磨。非利士人抓住了以色列人的士师，准备等到给他们的大神大衮献祭之日，召集所有的首领处死参孙。

几个月过去了，参孙头上长出了一

层细碎的毛发。

大祭的日子到来了。非利士人在大衮神庙设下祭坛,召来各路头领举行盛大欢宴。参孙被带了上来,非利士人肆意侮辱,让他弹琴取乐,让他在地上学狗爬,有人将酒淋在他的头上。参孙对牵着他的仆人说:“让我摸一摸大厅的柱子吧,我好歇口气。”众人应许了参孙的请求。瞎眼的参孙,摸索到柱子前面,抱着巨大的石柱祈祷:“全能的主呀,给我力量,让我一雪耻辱吧!”

霎时间,神武之力再次降临到参孙身上。他一声怒吼,挣断了手铐脚镣。在场的人被吓坏了,不知所措。参孙抱住石柱,全身用力,折断柱子,随后,他又折断了庙中另一根主要石柱。神庙瞬间坍塌,里面的 3 000 多人全被砸死。

参孙死后,被安葬在父亲的坟墓里。一代力士,结束了他传奇的一生。

参孙机智勇敢,力大无比,却容易情绪化,为所欲为,贪恋女色。他一生做了很多“出格”的事,这些事情别说更高一级的拿细耳人,就连一般的以色列人都不敢做。最后,上帝正是利用了参孙的优点,让他去拯救以色列人,最后用他的弱点将他毁灭。

参孙在狱中悔过,长出了头发;在大衮庙中祈求,上帝给了他力量。由此可见,无论多么神勇的人,如果缺乏对上帝的信心,同样也会变得软弱不堪。

综观这个天生神力的士师,因个性顽强、迷恋上别有用心的人而失败,他悔改的过程和结局令人感慨。这个故事所带给我们的普遍意义是:一个人要善于审时度势,听得进旁人建议,不可过于执拗;同时,喜好要有度,如果无原则沉溺某人或某事,就会不能自拔,最终毁了自己。

小贴士

瑟勒(1929 年生),德国新教女神学家,革命神学的倡导者。主要著作有《无神论般的信仰上帝》、《基督教与马克思主义》、《革命的宽容》等。

仁慈麦穗上的爱情之果

长老是基督新教某些宗派中教徒领袖的职称。《旧约圣经》指的是犹太人的民间长老;《新约圣经》则指一般教徒中有威望、受尊重的领袖。

有一年,迦南遭遇了大灾荒。居住在伯利恒的犹太人拿俄米和丈夫、两个儿子,一起逃荒到了摩押地。在摩押地,两个孩子成婚。十年后,拿俄米的丈夫和两个儿子相继去世。

这时候,迦南年景好转,拿俄米准备重返故乡,对两个儿媳说:“摩押地是你们的家乡,你们都还年轻,在这里找户人家改嫁了吧,就别跟着我这个老婆子颠沛流离了。”

大儿媳妇哭泣着,和婆婆依依作别,留在了摩押地;二儿媳妇路得,不忍心丢下年迈的婆婆,执意和婆婆一同回到了伯利恒。

路得和婆婆返回旧时家园。这里长久无人居住,房屋破败,家具都没了。路得和婆婆收拾一番,勉强过了一夜。第二天一早,就要谋划午餐的着落。此时正是秋收时节,路得到田间拾麦穗,中午回来,和婆婆做了一顿麦子粥。就这样,路得每天到麦地拾麦穗,维持家用。她早出晚归,勤俭持家,渐渐积攒了一点余粮。年迈的拿俄米对着邻里,四处宣扬路得的贤惠。

路得

一天,路得到财主波阿斯的麦田里面拾麦穗,被恰巧来巡查的波阿斯看见了。

波阿斯问仆人:“那个女人是谁?”

仆人说:“她是拿俄米婆婆的儿媳妇路得,家里没有男丁,只有她们婆媳相依为命。她靠拾麦穗养活全家,很不容易。所以,我们没有征得老爷的同意,就让她来田里拾麦穗了,请老爷宽恕。”

波阿斯听了仆人的话,十分赞许:“你做得很对。路得的贤惠,我早听说过了。你们多撒些麦穗让她拾。”说完,他走到路得面前:“好孩子,从今天开始,你就在我的麦田里拾麦穗吧。渴了,那边有水罐。”

路得十分感激,向波阿斯跪拜。

波阿斯说道："你的贤惠，在以色列人中间已经传开了，我十分敬佩。"正好到了午饭时间，波阿斯邀请路得和他的仆人一起吃饭，还给了路得两张大饼，让她带回去给婆婆吃。

傍晚时分回到家里，路得将今天的事情和婆婆说了。婆婆说："波阿斯是你公公本族人，是至近的亲属。他为人善良仁慈，乐善好施。你今后就去他的麦田里拾麦穗吧，不要去别人地里了。"

这样，一连数天，路得都到波阿斯的麦田里面拾麦穗，一直到麦子收割完毕。这天晚上，婆婆对路得说："孩子呀，你也该为你的后半生着想了。趁年轻找一个人嫁了，也算有一个安身之处。波阿斯的妻子去世好几年了，他人不错，又是我们的至亲。我感觉出来了，他对你有好感。今天晚上，他要夜宿打麦场。你现在沐浴更衣，到他睡觉的地方和他睡在一起。按我说的话去做吧。"

也许是上帝的指引，也许是内心的萌动，路得按照婆婆的话，洗澡、更衣、涂抹香粉。半夜时分，她来到波阿斯的打麦场上，寻见他睡觉的地方，掀开被子和他并排躺在一起。波阿斯一觉醒来，发现身边有一个陌生人，借着月光一看，发现是路得。路得身上的体香，让波阿斯神魂颠倒。路得婆婆的感觉没错，波阿斯钦佩路得的善良贤惠，深深爱上了她。但是自己年龄比路得大很多，所以一直不敢提亲。今晚路得这么主动，让波阿斯欢喜万分。

路得在麦田的贤惠行为感动了波阿斯，波阿斯仁慈的麦穗掳获了路得的芳心。两人从此结为夫妻，使拿俄米得以终老，并生下了儿子俄备得。俄备得的孙子，就是以色列民族最伟大的人物之一——大卫王。

民女路得，以她的贤惠美德受到以色列人世代敬仰。

这是一个充满爱的故事，故事中的人物彼此恩待。作为柔弱女子，路得凭借着人性的善良、品格的坚韧，找到了自己安乐的归宿。这个故事表明了一个普世启示：一个人只要有信心，对爱的信心，对生活的信心，就能战胜困难，迎来福乐。

小贴士

斯托特(1921 年生)，英国新神教家，英国新福音派神学代表人物之一，曾创立万灵国际团契、当代基督教伦敦协会等，著有《基本基督教》、《均衡的基督教》等著作。

撒母耳：以色列人的末代士师

教父、教母：基督教新入教者接受洗礼时的监护人，一般请教内虔诚而有名望的人担任。教父、教母有责任监督并且保护受洗人的宗教信仰和行为，就像父母和儿女之间的关系一样。

示罗的耶和华大殿门前，坐着一个面容愁苦的女人，她对上帝诉说着自己的心事："全能的主呀，请您赐给我一个儿子吧，我必定让他终身信服您，侍奉您。"

以色列的士师兼祭司以利，见这个妇女嘴唇翕动，却发不出声音，以为她喝醉了酒，于是走过去厉声训斥道："进神殿不能饮酒，这个规矩你不知道吗？"

妇女好像受到了惊吓："我滴酒未沾，在向上帝诉说我的苦楚。"

妇女叫哈拿，来自法莲山地的拉玛琐非小镇。哈拿嫁给一个法莲人做妾，因其一直没有生育，饱受大妻的欺辱，希望能生一个儿子。听了哈拿的诉说，以利安慰道："放心回去吧，上帝会赐福给你的。"

哈拿听了祭司的话，心满意足地回去了。当晚和丈夫同房，不久怀孕，十个月后生下了一个儿子，取名撒母耳。撒母耳断奶后，母亲领着他来到祭司以利跟前还愿，要撒母耳在以利身边，给上帝当差。

自此以后，以利成了撒母耳的导师兼养父。撒母耳受到以利的教诲，一天天长大，他虔诚信仰上帝，品格优秀，心地善良。以利有两个儿子，性格暴躁，品质恶劣。他们仗着父亲的权势胡作非为。他们将正在煮着的、用来献祭的肉，用叉子叉上来，拿去和浪荡公子们大吃大喝。更为嚣张的是，他们公然和浪荡妇女在大殿鬼混。尽管以利苦口婆心规劝，甚至打骂，都无济于事。

当时世风日下，道德败坏，撒母耳的身边虽然有以利的两个浪荡子弟，但他洁身自好，虔诚信奉上帝，年纪轻轻就担任了祭司。

一天夜里，撒母耳像往常一样，守护神殿到很晚，疲倦地睡着了，忽然听见有人喊他的名字："撒母耳！撒母耳！"从睡梦中惊醒的撒母耳以为是以利在喊他，走过去询问。还没有入睡的以利说道："我没有喊你，睡吧，孩子。"

就这样一连三次，阅历丰富的以利明白，这是上帝在召唤。他对撒母耳说："如果你再听到有人喊你，你就应声说：'全能的主，仆人恭候您的神谕。'"

撒母耳睡下不久，又听见有人呼喊他的名字。他说道："全能的上帝，仆人恭候

您的赐教。”上帝对撒母耳说:“你即将代替以利,担任以色列人的士师和大祭司。以利的孩子作孽,而以利却心怀放纵之情,不忍心割爱,必将受到惩罚。我要降罪给他全家,无论怎样都无法赎罪。”

第二天,以利一再询问昨晚上帝晓谕的内容,撒母耳隐瞒不过,和盘托出。以利听闻,十分害怕。但是,作为大祭司的他还是毕恭毕敬地说:“我愿和我全家,接受全能上帝的惩罚。”

时隔不久,以色列人和非利士人开战,以利的两个儿子战死,约柜被夺取。时年 98 岁高龄的以利听闻噩耗,一头从椅子上栽下,脑袋撞在门框上,脖颈折断当场死亡。以利的儿媳临盆待产,闻听噩讯,气急身亡。

以利死后,撒母耳成了以色列人的士师,也是士师时代的最后一名士师。

撒母耳是以色列人的末代士师,他集先知、祭司和士师于一身,品行端庄,严格按照上帝的意愿办事,是历代士师中的典范。作为士师时代向君王时代的过渡人物,撒母耳带领以色列人,脱离了士师时代的绝望,是带领以色列人进入君主政体、步入平安兴盛的英雄。他确立了扫罗和大卫两个国王,在以色列历史中占有重要地位。

故事中,以利的儿子从锅里面叉取用来献祭的肉,是很严重的一种亵渎行为,直接挑战上帝的权威;而且和妇人在神殿里面鬼混,更令上帝不能容忍。所以上帝要降灾祸给以利全家。这件故事给我们的普遍启示是,身为父母,一定要肩负起教育子女的责任,千万不能放任、溺爱。

小贴士

罗宾逊(1919—1983),英国新教神学家,圣公会主教,曾任剑桥大学克莱尔学院院长,主张以上帝和世界相关联,来代替传统有神论。

全民皆痔:约柜降下的灾难

修女:天主教和东正教离家进入修会的女教徒,有时也指进入隐修院的隐修女。修女坚持三绝大愿:绝色(不嫁)、绝财(不置私产)和绝意(不坚持私下意见,唯修会之命是从)。修女从事祈祷和传教工作,在中国也被称为姆姆。

非利士人大败以色列人后,抢走了约柜,将以色列人的重镇(相当于现在的首都)示罗夷为废墟。撒母耳尽管足智多谋,但是大局已定,他回天无力,只好带人撤退,保存实力。

非利士人将抢来的约柜放置在亚实突城里面的大衮神庙。亚实突人第二天一早发现,大衮神像面部朝下,倒在约柜旁边。他们将神像扶正,并没有多想。第二天一早,相同的事情再次发生,亚实突人有些害怕了。第三天一早,亚实突人发现大衮神像面部朝下栽倒在地,双手和头部在门坎上折断了。亚实突人看到大衮神像残缺的肢体,惊慌万分,他们匍匐在地,惊慌失措。与此同时,亚实突人无论男女老少,都长了痔疮,鼠疫也开始在城内流行。亚实突人这才明白,是上帝降罪给他们,于是找来非利士的头领,恳请他们将约柜转移到别处。

非利士人将约柜抬到了迦特城。时隔不久,迦特城内的男女老少,人人长了痔疮,鼠疫在迦特城内开始流行。在迦特人的强烈要求下,约柜被抬往以革伦城。早已风闻约柜神迹的以革伦人,坚决反对约柜入城:"你们将这害人的东西抬走吧,不要跨入我们城内半步。约柜是以色列人的,还是归还给他们吧。"

非利士人召集众长老,商议如何处置约柜。这时候,痔疮和鼠疫已经造成大量非利士人死亡。非利士人惧怕约柜的神力,决定将其送还给以色列人。

非利士人招来能工巧匠,打造了一辆新牛车。他们恭恭敬敬将约柜抬到车上,套上两头刚刚下过牛犊的母牛。为表示赔罪和诚意,车上装满了非利士五个城市送来的礼品。其中一个箱子里面,装着用黄金打造的五只金老鼠、五个金痔疮像。

可是,由谁充当使者,前往以色列人那里送约柜呢?这让长老们大费脑筋。因为他们知道,地位低下的人,无法担当如此重任;地位高的人,又害怕过去送死。经过几番斟酌商议,他们想出了一个妙法。

约柜是上帝神秘力量的象征

第二天一大早,非利士人将两头母牛喂饱饮足,牵到野外,一直到达非利士人和以色列人的边境。然后猛击一鞭,两头母牛沿着以色列和非利士交界的大道,朝着以色列的领土奔去。这个无人驾驭的牛车,穿过两地交界的伯示麦小镇,在农田劳作的伯示麦人见状纷纷欢呼。他们让牛停住,从车上抬下约柜,放到一块巨大的磐石上。他们将两头母牛宰杀,将车子劈开,作为燔祭献给了上帝。

人们将约柜运送到基列耶琳,放在亚比拿达家中,一直放了好多年。

大衮是非利士人最为崇拜的神,非利士人相信,大衮能使风调雨顺,给他们带来丰收。有人提出疑问:“为什么非利士人崇拜约柜(也就证明他们崇拜上帝),非但没有带来福祉,反而招致祸殃了呢?”这是因为他们崇拜以大衮为首的多神,不愿将上帝作为唯一的神来崇拜,不符合“十诫”中的规定。

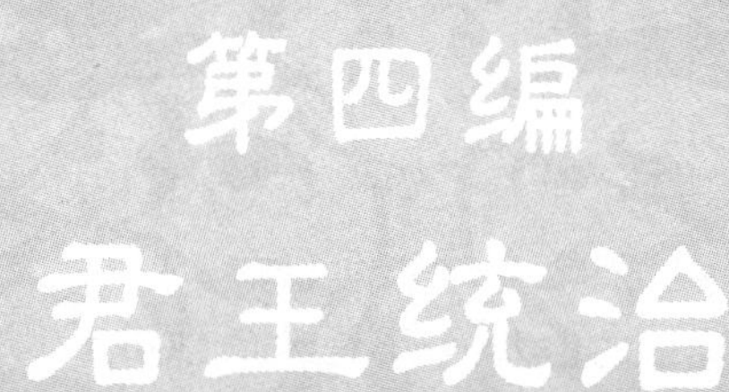

第四编

君王统治

扫罗：以色列人的第一个国王

受膏是用香油抹在受膏者的头上，使他接受某个职位的意思。在《旧约》里的君王、祭司及先知，都是用橄榄油来抹在他们的头上，使他们受膏，接受神所给他们的职分。扫罗是《旧约》里面第一个受膏者。

撒母耳用了二十年的时间，经过了艰苦斗争，赶走了非利士人，收复了大部分国土，带领以色列人民走向了光复和振兴的道路。

许多年过去了，年迈体衰的撒母耳开始考虑他的接班人选。他一度想让两个儿子接替他的士师职位，但是两个儿子生性贪婪、道德败坏，导致以色列人对撒母耳家族的信心大失。人民希望有一个贤明有道的国王，领导他们继续为自由而战。在人民的要求和上帝的晓谕下，撒母耳决定为以色列人物色一个国王。

在基比亚，有一个便雅悯人名叫扫罗。扫罗健美强壮，武艺超群。他身材高大，比一般人要高出一头，很有威慑力。

一天，他的父亲丢失了几头驴，让他和仆人一起去寻找。一连几天，扫罗和仆人都在外面寻访，他怕父亲担心，打算回去。仆人说："离这里不远的苏弗，有一位先知，他的话都能应验。我们既然出来了，为什么不去请教他呢？"

扫罗一听有理，和仆人赶往苏弗城，在城外遇见一位打水的姑娘，扫罗问道："听说城里面有一位先知，你知道他住在什么地方吗？"

姑娘说道："你们一直往前走，就会看见一个祭坛。正巧今天百姓们要献祭，献祭完毕后，第一个吃祭物的人，就是你们要找的先知。"

扫罗谢过姑娘，穿过城门向祭坛走去。一个老人迎面走来，来到扫罗面前。这个老人就是撒母耳，他依照上帝的神谕，到苏弗来物色以色列国王。撒母耳远远看见了扫罗，上帝对他说："你看，前面的那个人，能管理我的人民。"

扫罗看到老人，恭敬地问道："请问老人家，这个城里住着一位先知，您知道他的住处吗？"

撒母耳说："我就是先知。今天是献祭的日子，你在我前面，我们一起走向祭坛。你必将成为以色列人所仰慕的伟人。"

扫罗听了大吃一惊："我只是一个很普通的便雅悯人，出身平凡，没有地位，何德何能会被同胞们敬仰呢?”

撒母耳没有过多解释,他带领扫罗一同走进客堂,将他让到贵宾席的首席,对厨子说:“之前我交给你一块祭肉,让你妥善放好。现在拿出来吧。”厨子拿出祭肉,请扫罗进食。

撒母耳在扫罗面前显灵

献祭完毕后,撒母耳邀请扫罗一同走向屋顶,撒母耳传授上帝的旨意,他们整整谈了一晚上。次日清早,扫罗启程回转,撒母耳将扫罗送出城门,让仆人走远,将膏油涂在扫罗头上,谓之受膏。撒母耳对扫罗私语道:“我给你预言几件事,打消你的疑虑,增强你的信心。在你回家的路上,途经泄撒的一个坟墓边,你将遇见两个人,他们会告诉你丢失的驴子已经找到了,父亲很担心你,盼你早日回去;在他泊的橡树林里面,你会遇见三个人,分别带着三只羊羔、三张饼和一袋子酒,前往波利特去拜神。他们会向你请安,分两个饼给你,你要接受;再往前走是神的山,你会遇见一帮先知,你与他们一同说唱跳舞,上帝会给你灵感。”

撒母耳的预言都灵验了。扫罗在神的山上和先知们一起说唱的时候,乡亲们惊讶地说:“扫罗也在先知中吗?”后来,这句话成了一句俗语,意思是几天不见,某人突然发生了很大的变化,类似于中国人的“士别三日当刮目相看”。

随后,扫罗按照撒母耳的安排,在吉甲献上了燔祭和平安祭。

扫罗被确立为国王的事情,只有少数人知道,接下来就要进行公告。撒母耳将百姓召集到米斯巴,说到:“你们希望有一个国王做领袖,上帝也应许了。现在我们选举第一任国王。”各支派选举出了代表,依次抽签。按照抽签结果,扫罗成为了以色列人民的领袖。这样,以色列历史上第一位国王诞生了。

扫罗是以色列历史上第一位君王,他在位四十年,为人残暴、生性多疑、政绩平平。他由于多次触犯摩西法律,最终被上帝抛弃。《圣经》研究学者认为,上帝给以色列人设置这样一个君王,目的是为了让人们更加顺服后来的大卫王。

撒母耳让扫罗居于贵宾首席,请他吃存留的羊腿,是为了表示对扫罗的尊重。古人认为,前腿是最重要的祭祀品,要献给最尊贵的宾客。

虽然上帝和撒母耳已经确定了国王人选,但还是召集人们来到米斯巴,举行抽签仪式。以公开的方式让人们亲眼目睹,国王的选定是上帝的意旨。

撒母耳“弹劾”国王扫罗

修士，和修女一样，除了性别不同外，修女不嫁，而修士不娶，修士同样坚持三绝大愿；修道士，是离开父母家庭，到深山旷野隐遁修炼的基督徒，遵从三绝大愿。

扫罗即位后，带领以色列人打了几个大胜仗，在以色列人中树立起了权威。但是，他屡次拂逆上帝的旨意，贪财专断，惹恼了大祭司撒母耳。撒母耳起了“弹劾”国王扫罗的念头。

当时，盘踞在西奈山和迦南地区的亚玛力人，是以色列人的最大威胁。如果追溯到最远时期，亚玛力人和以色列人拥有同一个祖先，是雅各哥哥以扫的后代。但是，亚玛力人全然不念这些情分，反而大肆对以色列人烧杀抢掠，无恶不作。

撒母耳对扫罗说道：“上帝曾经晓谕过我们：亚玛力人怎样对待我们，我们都没有忘记。现在你要出兵打击亚玛力人，将他们的人口、牲畜全部杀灭，不能有丝毫怜惜之心。”

扫罗遵照撒母耳的旨意，带领二十多万大军讨伐亚玛力人，大获全胜。他们将

扫罗是以色列历史上第一位君王

亚玛力人全部杀死。扫罗钦佩亚玛力王亚甲的坚强不屈,生了恻隐之心,保全了他的性命;扫罗贪恋亚玛力人的牛羊,所以违背了撒母耳"消灭全部牲畜"的命令,将肥壮的牛羊归为己有。

上帝对扫罗的做法十分不满,当夜对撒母耳说道:"我后悔立扫罗为王了,因为他不肯遵从我的命令。"撒母耳听了,也很生气。一大清早起身来到扫罗大军的驻扎地,扫罗出营地迎接,毕恭毕敬地向撒母耳汇报:"我按照上帝的命令行事了,愿上帝赐福给您。"

"是吗?"撒母耳反问了一声,锐利的目光盯着扫罗的眼睛。扫罗感到自己的心被这个年迈却十分睿智的老人看透了,忍不住打了一个冷战。这时候撒母耳问:"我好像听到了牛羊的叫声。大军之中,怎么会有牲畜呢?"

扫罗见事情败露,急忙辩解:"这些肥壮的牛羊杀了可惜,我带它们回来,原本是要献给上帝和您的。"

撒母耳说道:"昨晚上帝已经晓谕我了,他后悔立你为王,因为你不遵从他的命令。"

扫罗贪恋国王之位,对上帝的晓谕诚惶诚恐。他赶紧承认了自己的罪过:"我知道我犯下了罪过,请您和上帝饶恕我。现在请您进入大营,一同敬拜全能的上帝。"

撒母耳意欲拂袖而去,大祭司路过大营而不进去,扫罗必将在人民心中失去神圣的光环。所以,扫罗扯住撒母耳的衣襟,苦苦哀求他到大营中去,把衣服都扯坏了。他说:"我有罪,请您看在上帝的面子上,到大营中走一趟,在会众面前抬举我。"

撒母耳没有办法,只好和扫罗进入大营,敬拜上帝。然后吩咐士兵,将亚玛力王亚甲带了上来。撒母耳历数亚玛力人的暴行后,令人在上帝的神坛面前,将其处死。

撒母耳离开大营之后不久,回到了拉玛琐非,秘密物色下一位国王的人选,到死也没有和扫罗再见一面。

在上帝眼里,亚玛力人是罪恶的,需要全部灭绝。上帝不愿意他的子民拥有任何和亚玛力人有关的东西。上帝这种做法,是为了体现自己的权威,让所有人看到,凡是轻蔑上帝的人,下场是多么悲惨。但是,贪婪的扫罗违背了上帝的晓谕,将亚甲和牛羊带了回来,这怎能不让上帝震怒呢!

让扫罗王位不保的,不是上帝,也不是撒母耳,而是他自己。他原本贪婪亚玛力人肥壮的牛羊,却声称是拿来献给上帝的。面对自己的错误,他还一度辩解,顽固不化,失去了最后一点改过的机会。用假公义的外衣遮掩野心的行为必将会暴露的。

猛虎在畔：扫罗身边的小琴师

修道院，是天主教培训神父的学院，分为预科班、小修院和大修院。小修院三年制，大修院六年制。

撒母耳要弹劾以色列的首位国王扫罗，他四处散布上帝的晓谕，为选立新国王制造舆论。但是撒母耳忌惮扫罗军权在握，不敢公开行事。

一天夜里，上帝对撒母耳说道："我在伯利恒的耶西那里，给你预定了一个新国王。明天你提着膏油去吧。"

撒母耳说出了自己的顾虑："要是被扫罗知道了，扫罗会不会杀死我呢？"上帝说道："你带着一只牛犊，说是给我献祭的，扫罗就不会疑心了。"

第二天，撒母耳来到伯利恒，见到了那里的长老。长老们风闻撒母耳正在物色新国王人选，他们忌惮扫罗，又不敢得罪大祭司，左右为难。撒母耳看穿了他们的心思，说道："我是来给上帝献祭的，请你们沐浴更衣来吃祭肉。"

耶西全家也来吃祭肉，他一共八个儿子。撒母耳第一眼看中了耶西的大儿子以利押，暗自思忖："这个英俊潇洒的小伙子，一定是上帝的受膏者了。"他刚要起身和以利押打招呼，上帝对他说道："看一个人，要注重内心，不能只看外表。"

撒母耳知道上帝的中意人不是以利押，于是让耶西的儿子都来到他面前一一看过。这时候，耶西最小的儿子放羊回来，远远走来。他双目清秀，面色俊美，神采飞扬。上帝见了，对撒母耳说道："我中意的受膏者来了，就是他。"

撒母耳不敢声张，宴席结束后，众人都离开，只留下了耶西和他最小的儿子。撒母耳将上帝的旨意告诉了他们父子，耶西和儿子诚惶诚恐，跪拜感激全能的上帝。撒母耳将膏油取出来，涂抹在孩子头上。继承王位的仪式就这样简单而又隐秘地完成了。这个孩子，就是以色列人的第二任国王——大卫。

身在军营中的扫罗，得知撒母耳四处物色新国王人选。这个话题也被军营的士兵议论纷纷，扫罗的权威受到了质疑。他苦闷异常，寝食难安。扫罗心腹见状说道："一定是恶魔依附在你身上作恶。优美的音乐可以驱逐恶魔，我听说伯利恒有个牧羊少年，善于弹琴，是否把他请来呢？"

得到扫罗的应允后，使者携带一只羊羔和一袋美酒前往伯利恒，请来了小琴

弹琴的大卫

师。每当扫罗心情烦躁的时候,小琴师弹上一支曲子,扫罗即刻神清气爽,忘记了烦恼。

这个小琴师就是被秘密受膏的大卫。扫罗万万没有想到,在他身畔的,竟然是一只窥探他王位的猛虎。

大卫,是"蒙爱者"的意思。他是以色列的第二任国王,也是以色列统一后的第一任国王。大卫在位四十年,立耶路撒冷为首都,南征北战,东讨西伐,建立起了一个强大的帝国。大卫不仅是一名出色的领袖,也是一位优秀的音乐家,《圣经》记录了他的好多诗篇。

上帝安排大卫到扫罗身边是有目的的。第一,是为了让他学习锻炼;第二,是让大卫的品格影响扫罗身边的人,为日后公开立王打下基础。

在故事中,上帝警告撒母耳"不要以貌取人",具有警示意义:有些人的外表尽管毫不出众,但很可能具有雄才大略。以貌取人,极可能埋没真正有潜质的人才。

卵石击猛士：小牧童首战告捷

礼拜是基督新教的主要宗教活动，主要包括祈祷、读经、唱诗和讲道等内容。信徒认为基督是星期天复活的，所以将星期天称为“主的日子”，并在该日举行礼拜，有时候也在其他日子举行。

非利士人屡遭以色列人重创，意图东山再起。他们纠集大军，在弗大悯安营扎寨，和以色列大军对垒。

非利士人这次请了一个巨人给他们助阵。这名巨人是迦特人，名叫哥利亚。他身高3米多，身披铁甲，头戴铜盔，身上的甲胄重达50多公斤。他腿上有铜护膝，两个肩上插着投掷用的戟，戟杆粗大，就像织布机的机轴。他手持一杆大铁枪，枪头重达8公斤。

哥利亚天天在阵前叫骂，以色列人见这个巨人比他们中身材最高、最魁梧的国王扫罗还要高出很多，心里害怕，不敢迎战。哥利亚连续骂阵40天，以色列人躲在营中，忍气吞声。双方军队呈现出对峙状态。扫罗王许下重赏：谁能击杀哥利亚，除了重赏金银外，还将女儿嫁他为妻，免去他父亲全家的税赋。

大卫在扫罗身边侍奉，因为扫罗出征，他被扫罗暂时遣回家帮父亲放羊。大卫的三个哥哥在扫罗军中服役，耶西惦念阵前的孩子，嘱咐扫罗去看望哥哥，让他们给家里写封信报个平安。

大卫动身前往军营，正巧看见哥利亚在阵前叫骂。他找到哥哥，向他们请安，转达了父亲的担忧。然后问旁边的士兵：“这个人是谁呢？怎么敢向上帝的军队叫骂呢？”一个以色列士兵对大卫说：“看见了吗？那个骂阵的人就是非利士人的一张王牌。他这样天天出来骂阵已经有40天了。国王有令，谁能杀了他，就赏给谁大笔财富，把自己的女儿嫁给他，还要免除他父家的3年赋税和差役。”

大卫看着哥利亚张狂的样子，自告奋勇要去击杀哥利亚。扫罗王听了，召见大卫说道：“你怎么是他的对手呢，你还是个孩子，而他是一个训练有素的猛士。”

大卫说：“前几年，我给父亲放羊的时候，来了一头狮子，衔走了一只羊羔。我追上去，将狮子打死，救出了羊羔；羊群中还来过一只黑熊，要吃掉我，我赤手空拳打死了黑熊。这个非利士人向上帝的军队叫骂，和狮子、黑熊无异，请允许我前去将他击杀。”

扫罗见大卫如此神勇，祝福道：“你去吧，愿上帝和你同在！”他命令士兵取出最好的盔甲，让大卫穿上。大卫觉得这样的穿戴行动不自由，脱了盔甲，穿上牧羊衣，腰挎牧羊用的弹弓，从路边挑拣了几颗光滑的鹅卵石，走到哥利亚面前。哥利亚看着面前这个衣着不整、身材弱小的挑战者，认为是以色列人故意蔑视和侮辱他。他说道：“不知死活的以色列人，看我将你撕碎，让空中的飞鸟、地上的走兽吃你的肉！”

大卫战胜哥利亚

大卫说：“今天我不用刀枪也能杀死你，还要砍下你的头。”

怒火中烧的哥利亚，抬腿挺枪向大卫冲来，大卫掏出鹅卵石，拉开弹弓，鹅卵石呼啸着飞了出去，啪的一声巨响，打在哥利亚的前额，石头进入脑部，这个巨人扑地而死。大卫从以色列士兵身上抽出一把钢刀，将哥利亚脑袋砍下。非利士人见状，四下逃窜。

大卫首战告捷，从一个不为人知的琴师牧童，一夜之间成了万人传颂的大英雄。

《圣经》研究专家认为，两军之所以对垒40天，谁也不主动出击，是因为两军军营都在山顶上，中间是大峡谷。无论哪一方冲下山去，再攀援峭壁冲击对方的军营，都会损兵折将，变成更大的劣势。所以双方按兵不动，等待对方出击。

大卫的胜利源于上帝的帮助。大败猛士哥利亚，使大卫盛名远播，为他今后公开即位奠定了坚实基础。

“扫罗也在先知中吗”

祈祷也称为祷告，是宗教仪式之一，基督徒向上帝和耶稣基督的呼求、感谢和赞美等等。其他教派的祈祷是教徒以赞美、感激、禀告、恳求等方式，向他们所信仰的神、天、地等进行祷告，祈福免灾。

大卫击杀猛士哥利亚的事迹被以色列人广为传颂，大卫也因此受到了扫罗的重用，被任命为战士长。扫罗的长子约拿单敬仰大卫的才干，和大卫结为至交，爱大卫胜过自己的生命。

此后的一段日子，大卫随从扫罗在前线追杀非利士人。当大卫跟随扫罗凯旋归来时，以色列各城的妇女们身穿盛装，敲锣打鼓，载歌载舞迎接扫罗王。她们唱着自编的歌谣：

扫罗杀敌千千，大卫杀敌万万。

扫罗听了很不高兴，认为大卫的盛名盖过了自己。自此以后，扫罗对大卫日益疏远，开始仇视大卫。他认为大卫一定和撒母耳暗中勾结，想伺机夺取他的王位。为此，他变得狐疑、暴怒，认为他身边的人，所有以色列人，都心向大卫。有一天，扫罗又变得神经异常，自言自语。大卫像往常一样，给扫罗弹琴解忧，没想到扫罗拿起身边的一杆长枪，狠狠向大卫投掷过去。大卫躲过，长枪扎在墙壁上。

大卫凯旋

扫罗见刀枪杀不了大卫，就定下一个借刀杀人的阴谋。大卫杀掉猛士哥利亚后，扫罗应允将大女儿嫁给大卫。确定好婚礼期限后，扫罗却将大女儿嫁给了何拉人亚得为妻，意图让大卫和亚得争斗，自己坐收渔利。没想到大卫说道：“我出身于卑微的家庭，哪里有资格做国王的女婿呢！”

扫罗一计不成又生一计，他得知二女儿米甲和大卫互相爱慕，心想：“我将二女儿嫁给大卫，寻机杀死他。”于是，扫罗派人给大卫提亲，大卫害怕其中有诈，婉言推辞道："我没有财产，根本配不上公主，请大王收回成命！"扫罗表示，他不会收取大卫任何聘礼，只要100个非利士人的面皮，以此羞辱、报复非利士人。

大卫知道，扫罗是想借非利士人的手杀死他。可是让扫罗万万没有想到的是，第二天天还没黑，大卫就献上了100个非利士人的面皮。

在此前后，扫罗多次密谋杀害大卫。约拿单都冒着被父亲重罚的风险，给大卫报信，大卫躲过了一次次劫难。

当大卫和米甲成亲后，两个人相亲相爱，但扫罗对大卫的嫉恨却日益增加。一天，大卫给扫罗弹琴解忧，扫罗突然拿起身边长枪，向大卫猛刺。这下大卫彻底明白，扫罗是铁了心要将自己置于死地了。他逃出王宫回到家里，对妻子说："我们快逃吧，你父亲铁了心要杀死我！"

米甲深明大义，她说："你一个人赶快逃走吧，我们全家出逃，行动不便，容易被发现。我毕竟是他亲生女儿，留在这里不会有危险。"大卫觉得妻子言之有理，在妻子的掩护下，从扫罗布置的密探监视中逃了出去。当天夜里，扫罗派人来抓大卫，米甲向父亲哭诉："他威胁要杀死我，所以我将他放走了。"扫罗心知肚明，却又不好向女儿发作。

大卫一路逃到拉玛，见到了撒母耳，撒母耳为了安全起见，将大卫带到拿约，但还是走漏了风声，被扫罗知道了。扫罗亲自带人捉拿大卫，撒母耳为了掩护大卫，带领一帮先知，在扫罗面前念念有词，手舞足蹈。先知们的灵语让扫罗忘了自我，不由自主也开始手舞足蹈，越来越疯狂。他脱掉衣服，在地上裸身躺卧了一天一夜。人们见到这个情形，又想起从前说的那句话："扫罗也在先知中吗？"

"扫罗也在先知中吗"，代表了扫罗作为一个国王的沉浮。扫罗最初受膏，在神的山上和先知们一起说唱；几十年过去了，相同的一幕又发生了。可是相同的情形却是不一样的境遇：扫罗的王位，已经岌岌可危了。

大卫和约拿单的友谊是《圣经》故事中最为动人的一例。约拿单的品质，在和大卫的友谊中鲜明体现了出来。第一，他不惧风险，为保全大卫，向大卫透露父王要杀害他的机密；第二，按照惯例，长子应该继承王位。但是约拿单明明知道大卫是新国王的人选，依然抛却个人恩怨，维护和大卫的友谊。这样的友谊是建立在对上帝信心的基础上的。

此时的大卫处在人生上升的阶段，建功立业，盛名远播，受到所有以色列人的赞美。但是他谦虚、忍让、不骄不躁，并没有觉得自己很了不起。这给我们的普遍启示是：当你是一个普通人的时候，可能比较谦虚低调，一旦在某个领域作出了成绩、出了名，面对别人的赞美，你应当怎样对待呢？

射向磐石的利箭

阿门是真诚的意思，基督教仪式中常用的结束语，表示希望所有一切祈祷，唯愿如此，得到满足。

大卫出逃之后，还对扫罗抱有幻想，希望有一天能得到他的谅解，回到他身边。

这一天，他逃亡到了最好朋友约拿单的驻防地，满怀疑虑地询问约拿单："知父莫如其子，你知道你父亲为什么三番五次要置我于死地吗？我究竟做错了什么，犯了什么不可饶恕的罪呢？"

约拿单安慰大卫："事已至此，也就不要多想了。我有什么可以帮助你的吗？"

大卫言道："我不甘心这样逃亡，还希望回到国王身边侍奉他。你帮我探探国王的口风吧，我想了解他的真正意图。明天是初一，所有大臣都要参加国王的宴会，但我是无法出席了。国王要是问到我，你就替我回答，说我回伯利恒老家献年祭了。如果他听了心平气和，表明我还有可能回到他身边；如果他发怒，就是下决心要赶尽杀绝了。你一定要帮我，将你父亲的态度告诉我。"

约拿单对着上帝发誓："我一定会将我父亲的意思探明，及时告知你。请你也发誓，假如你登上王位，要厚待我；我死后，也要恩惠我的后代。"

大卫应许了约拿单的请求，和他订立了和约。两人约定了通知的地点和方式：初三晚上，大卫在约拿单花园的靶场附近藏身。靶场有一块磐石，约拿单要箭射磐石。如果他吩咐童子"箭在后面，你捡回来"，表明扫罗原谅了大卫，大卫可以返回宫内了；如果他吩咐童子"箭在前面"，说明扫罗铁了心要杀大卫。

在第二天的宴会上，扫罗看着大卫的位置空着，果然问起了侍立在身边的约拿单："大卫因何缺席了呢？"

约拿单回禀父王："大卫回老家伯利恒了。"扫罗果然勃然大怒。约拿单心里明白，父亲和大卫之间，是没有和解的可能了。于是，他按照约定的方式，通知了大卫。大卫这次彻底死心，他颠沛流离，一直逃到耶路撒冷西南 25 公里之外的亚杜兰洞，将全家老小接了过来。

在逃亡过程中，大卫得到了祭司亚希米勒的帮助。亚希米勒是当时著名的祭司，也是撒母耳前任士师的长孙。扫罗得知此事，更加确信祭司阶层和大卫结党，要颠覆他的王位。他宣亚希米勒全家进宫，没有给他们申辩的机会，下令侍卫将这些人全部处死。侍卫对祭司身怀敬畏，害怕沾染祭司鲜血，集体抗拒扫罗的命令。

扫罗只好指派猛将多益杀了亚希米勒全家，又将祭司城的人全部杀死，只有亚希米勒的儿子亚比亚他逃了出来，做了大卫的忠实助手。

大卫在亚杜兰洞避难的消息很快传开了，那些窘迫的、欠债的、心里苦恼的人前来投奔他。一时间，大卫手下聚集了400多人，开始了占山为王的草寇生涯。

约拿单安慰大卫

射在磐石上的利箭表明，大卫永远也不可能得到扫罗的原谅了。从另一种意义上说，扫罗也断绝了自己的后路，因为他越是逼迫大卫，自己的王位越是动摇。

扫罗命令多益屠杀祭司城内的人民，表明他无论从精神上，还是从行动上，彻底和祭司阶层分裂了。他背叛上帝的道路也越走越远。

大卫占山为王是一种很好的历练。那些前来投奔的人，比如欠债的、内心苦恼的、窘迫的等等，都是很难驯服的无业流民。没有很好的谋略和领导才能，是很难将这些人统领在一起形成队伍的。大卫统领这些人，锻炼了他的驾驭能力、领导能力。磨难和经历就是财富，这一真理在大卫身上得到了验证。

小贴士

吴耀宗(1893—1979)，中国基督教青年会主要领导人和中国基督教三自爱国运动领袖之一。出生于广东省的一个基督教家庭，1917年一次偶然的机会使他接触到《圣经》，开始信仰基督教，1918年受洗入教。他著述丰富，主要包括《社会福音》、《黑暗与光明》、《科学的宗教观》等。

尖刀下的衣襟:大卫的宽容之心

赞美诗，基督教举行崇拜仪式时所唱的赞美上帝的诗歌。歌词内容主要是对上帝的称颂、感谢、祈求。现在多数赞美诗都有可供四部合唱的高音、中音、次中音、低音曲调，但早期的赞美诗无和声、无伴奏。

大卫带领的人马日渐壮大，由最初的400人发展到了600人。他们以抢夺非利士人的财物为生，从来不骚扰以色列人。

扫罗听闻大卫组建了自己的部队，更是惶恐恼怒，多次派出大军剿灭，但总找不到大卫的藏身之处。有一次，扫罗得到确切消息，大卫的人马就驻扎在隐基底的旷野中。扫罗大喜，兴兵隐基底。富有战斗经验的大卫，采取了灵活的游击战。他让部队化整为零，和官军周旋。官军看得见大卫军队的影子，听得见他们的声音，却总是抓不住他们，一连几天，疲惫不堪。

一天，扫罗行军途中突然内急，到路边的一个山洞大便。山洞漆黑，正巧大卫带人在山洞躲藏。扫罗蹲下身，宽大的袍子垂在大卫身边的地上。大卫小心翼翼拔出利刃，割下了扫罗袍子一角，扫罗对此一无所知。

看着扫罗大便完毕走出山洞，大卫的手下埋怨大卫："上帝将你的仇敌交给你了，你怎么将他放走了呢?"

大卫说道："扫罗王是上帝的受膏者，我怎敢伤害他的性命呢!"

大卫一行走出山洞，扬着手中的衣襟，对这前面不远的扫罗大声喊道："你听信了谁的谗言，非要置我于死地呢？今天上帝亲手将你交给我了，我割下了你的衣襟，却没有伤害你。你现在应该明白，我是绝对没有背叛之意了。上帝作证，你我之间必定有一个是非曲直，为我洗清冤屈。"

扫罗此刻被大卫的宽容和磊落打动了。他羞愧万分、老泪纵横，他说："我儿大卫，是你的声音吗？你比我磊落多了，你善待我，而我却一而再、再而三地恶待你。上帝将我交付给你，你却没有杀我。一个人如果遇见他的仇敌，怎么可能轻易放他平安回去呢？只有你，宽容、磊落、公义的大卫！我知道你必定会成为以色列人的国王，以色列国家也必定在你的手中强大。我只有一个请求，请你保留我的后裔，不要剪除他们!"

大卫对上帝发誓，绝对不会灭绝扫罗的后裔。然后扫罗苦苦邀请大卫和他一起回宫，大卫为了免于背负“一国二主”的猜疑，婉拒了扫罗的邀请。就这样，两人之间的仇怨冰消瓦解，扫罗大军班师回朝，大卫的人马依然驻扎在山寨。

时隔不久，撒母耳病逝。以色列人举国哀悼，将他安葬在拉玛。

大卫之所以不杀扫罗，一方面是自己的宽容品格，更重要的是对上帝的敬仰和信心。他相信全能的上帝必定能在他和扫罗之间，有一个公正的审判。

大卫的随从劝大卫杀死扫罗，尽早登基做王。但是大卫不肯使用这种手段，并非因为他胆怯，反而表明了他的勇敢和自信。他有信心去面对在世的扫罗，一步一步走向自己王位的宝座。

这个故事带给我们的普遍意义是：在实现目标过程中，手段同样重要，要符合道德法律规范，不要放弃了应有的道德标准。

小贴士

吴雷川（1870—1944），本名吴震春，中国近代著名的教育家和中国基督教激进思想家，中国本色神学的开拓者之一。他是清朝末年著名的文人，曾经获得过科举考试的最高功名。

女巫的预言

唱诗班专指基督教在教堂内举行崇拜仪式时唱圣歌的合唱队。唱诗班合唱的时候，一般站（或坐）在规定的位置上，身穿规定的礼服，分为男女高低音四部曲。唱诗班大多由教会热心的信众组成，主要是负责教会礼拜日的崇拜唱诗及带领敬拜。唱诗班可以说在教会中有举足轻重的地位，往往是教会直接领导的一个义工团体。

撒母耳去世不久，非利士人大举进犯以色列人。此时此刻，文没有撒母耳出谋划策，武没有大卫冲锋陷阵，面对大兵压境，扫罗手忙脚乱。

他带领大军来到前线，和非利士人对峙。一大早，扫罗走出大帐，远望非利士大营，只见营房一个连着一个，铺天盖地，旌旗林立，迎风招展。扫罗越看心里越是烦乱，转身回到大营，祈求上帝帮他一臂之力，上帝对他置之不理。想预测战局，军中没有祭司和先知，他命令下属去寻找一个巫师。

下属寻访到军营附近的隐多珥住着一个女巫，扫罗改了装束穿上便衣，带上随从去见女巫，说道："我希望和死去的祭司撒母耳对话，请你把他召上来。"

女巫知道扫罗为人残暴，痛恨祭司、先知和巫师这类人，对他的请求诚惶诚恐："尊敬的陛下，我的法术不会招致您的不满吧。"

扫罗找到女巫

扫罗发誓说："我对全能的上帝发誓，绝对不惩罚你。"

女巫开始做法，突然间神情大变。扫罗急忙问道："你看见撒母耳了吗？"

女巫说道："我看见他从地下走上来了，他身穿长衣，身材枯瘦，长着很长的白胡须。他威风凛凛，气概不凡。"

扫罗说道："没错，

就是他。”这时候女巫的音调突然变成了撒母耳的音调：“你生前嫉恨我，死后还打扰我。你召我上来有什么事呢？”扫罗王赶紧跪在女巫面前：“非利士兵临城下，我十分着急。上帝不理睬我了，请老先知给我指示，我该怎么办呢？”

依附在女巫身上的撒母耳说道：“上帝离开了你，是因为你罪恶太多，必将受到惩罚。在明天的交战中，上帝会将你和以色列人交给非利士人，你的孩子们也将战死沙场！”

扫罗闻听此言，惊惧地跌倒在地。这时候撒母耳从女巫身上离开了，女巫劝慰惊恐的扫罗王说：“婢女听从了您的命令，没想到是这样一个预言。请陛下赏脸，吃点东西，好有力气赶路。”

扫罗王毫无食欲，在随从和女巫的一再劝说下，勉强吃了点无酵饼和牛肉，当夜返回营中。

整整一夜，扫罗思前想后，悔恨万分。第二天开战，扫罗的三个儿子果然全部战死了。扫罗身中数箭，从马上跌落下来，请求随从杀死他，免受非利士人的凌辱。随从不敢下手，扫罗无奈之下，拔剑自刎。随从见状，也纷纷自刎而死。

非利士人将扫罗父子军装剥净，头颅砍下，带着头颅到各个城镇游街示众。扫罗的尸体被非利士人钉在伯珊的城墙上，后来被以色列人偷走安葬。

扫罗王一死，平原上所有的以色列人都弃城而逃。非利士人不费吹灰之力，占领了以色列全境。

扫罗原本严厉禁止以色列人和巫师、法师结交。但是在危难之际，他还是向巫师求助。这说明在他心中，始终存在交鬼（求问死人）的罪。

这给我们的普遍启示是：外表和行为虽然合法了，但内心也要做到真正的清净、自然。如果内心充满罪恶，很容易将自己的行为引向歧途。

小贴士

马相伯（1840—1939），中国教育家，爱国人士，祖籍江苏丹阳，1840 年 4 月 17 日生于丹徒（今镇江），襁褓中即受天主教洗礼，洗名若瑟，亦作若石。1870 年获神学博士衔，加入耶稣会，授司铎神职。

以色列人的南北战争

告解，天主教、东正教的一种宗教仪式，信徒在神职人员面前忏悔自己的罪过，以求得上帝宽恕，并得到神职人员的信仰辅导。我国天主教俗称办神工。

扫罗死后，以色列人群龙无首。在上帝的晓谕下，大卫在犹太人的商业繁华之地希伯伦做了国王。而扫罗元帅尼珥的儿子押尼珥，则在玛哈念拥立扫罗的儿子伊施波设为王，占据了犹太领地之外大部分地区。伊势波设能力平庸，性格懦弱，大权被元帅押尼珥独揽，成了傀儡国王。这样，以色列就形成了南北分立的局面。

押尼珥对犹太领地虎视眈眈，企图将其吞灭；而大卫王更是雄才大略，以统一以色列民族，建立一个统一、强大的帝国为己任。在互不妥协的情况下，以色列人

以色列地区风光

的南北战争，是不可避免的。

终于，水池边的争执吵闹，成了战争的导火线。那天，犹太元帅约押和押尼珥在基遍的一个水池旁相遇。双方开始挑衅，谁也不服气。双方商定，各自挑出12名勇士对决，一决胜负。约押挑选的12名勇士和押尼珥挑选的12名勇士，展开了一场生死搏斗。他们一对一纠缠在一起，各自撕扯住对方的头发，腾出手拔出腰刀，冲着对方的肋骨捅去。就这样，24名勇士血流满地，同归于尽。

大规模的战斗，就这样拉开了序幕。双方各自派人求援，援兵纷纷赶到，经过激烈奋战，押尼珥渐渐不支，落了下风，带领军队且战且退。约押的弟弟亚撒黑是一员猛将，他身高力大，快步如飞，能徒步追赶野鹿。看到押尼珥意欲逃跑，亚撒黑飞身追了上去，要生擒押尼珥。押尼珥见状，说道："你要是为了战功，左转或者右转，随便擒拿我的一个士兵，剥去他的衣服就行了。你如此逼我是何苦呢！"亚撒黑以为押尼珥心虚讨饶，更是不肯放过。押尼珥又说道："你还是别追我了，难道非得逼我杀你吗？如果杀了你，我有何颜面见你哥哥呢？"亚撒黑不听劝告继续追赶，押尼珥回身一枪，将亚撒黑肚子穿透，亚撒黑当场死亡。

约押见弟弟被杀，和另一个弟弟亚比筛奋力追赶押尼珥，意图报仇雪恨。他们将押尼珥一直追到基遍的旷野，天色暗了下来，不敢再追，只好带着弟弟亚撒黑的尸体回到希伯伦，安葬在父亲的坟墓里。

这一仗下来，双方清点人数，押尼珥损伤了360人，约押死伤了20人。

就这样，以色列的南北战争一直持续了数年。及至北以色列发生内乱，大卫才借机将以色列南北统一。

上帝晓谕大卫到希伯伦称王，是有目的的。第一，希伯伦是犹太境内最为繁盛的城镇，规模最大，防御最为坚固，容易抵挡仇敌的进攻；第二，位于犹太境内中间位置，交通便利，一旦发生战争，可以保障物资的供应。

故事中，押尼珥劝告亚撒黑不要追赶他，但亚撒黑坚持不放弃。他的固执，不仅令他丧失了生命，也使双方仇怨加深。这给我们的普遍启示是，我们做任何事情，都要权衡利弊。如果是有价值的事情，始终坚持是值得提倡的；如果单单为了个人荣辱和利益，过于坚持就是固执，要懂得放弃，舍得放弃。

小贴士

李问渔（1840—1911），清末天主教学者，1862年进入耶稣会，同治十一年升任神父，曾任震旦学院院长、南洋公学教师。译著有《福音书》、《新经译文》、《宗徒大事录》和《理窟》等。

伊施波设王朝的宫廷内乱

按照教会惯例，婚配是东正教、天主教的圣事之一。参加婚配的双方应信仰天主教，在教堂内由神父主礼，神父询问男女双方是否愿意结为夫妻，得到肯定回答后，主礼人宣布经文。婚配圣事后的男女结婚后，终身不能离婚。

由于伊施波设国王懦弱无能，实权在握的押尼珥根本不把他放在心上。他独断专权，飞扬跋扈。扫罗在世的时候，有一个妃子利斯巴，美貌无比，押尼珥一直垂涎于利斯巴的美色。扫罗去世不久，押尼珥公然将利斯巴据为己有。

押尼珥的行为，对伊施波设来说无异是最大的侮辱。因为按照以色列法律，只有王位继承人才有资格和先王的妃子同床。伊施波设质问押尼珥道："你怎么可以和我父亲的嫔妃同房呢？"看到平时小心翼翼的伊施波设竟然用这样的口气和自己说话，押尼珥勃然大怒："我和父亲辅佐你们君王两代人，尽心尽力，立下赫赫战功。你非但不奖赏我们，反倒为了一个嫔妃这样质问我。愿上帝惩罚我吧，因为我没有按照您的旨意，拥护大卫称王！"

伊施波设听出了押尼珥的言外之意，吓得浑身哆嗦，不敢再多说一句话。押尼珥在得意之际，觉得像这样一个懦弱无能的国王，怎么能统治好一个国家呢？迟早会被大卫所灭。押尼珥派人和大卫暗中私通："只要你保全我全家族的性命和财产，和我立约，我必定帮你兵不血刃统一以色列，让以色列人都拜你为王。"

大卫自从逃避扫罗追杀起，一直没见过爱妻米甲一面。这几年间，大卫对米甲时时思念。见押尼珥愿意归顺于他，对押尼珥说道："我同意和你立约。但是你必须帮我找到我的妻子米甲。"

大卫出逃后，米甲的父亲扫罗将米甲改嫁。押尼珥派人寻找米甲下落，重金赎回。以色列长老看到大卫贤明正直，而自己的国王伊施波设昏聩无能，早有归属之意。于是，押尼珥毫不费力，做通了众长老的工作。押尼珥挑选良辰吉日，带着米甲和20名长老，商议和谈事宜。大卫见到自己的爱妻，十分欢喜。他设宴款待众位客人，商议了王位交接的具体细节。随后，押尼珥动身返回。

押尼珥刚刚离开希伯伦，约押就从前线回来了。听闻押尼珥带使者前来求和立约，约押对大卫进谏："押尼珥和谈是虚，探访我们的情报是实，您怎么能轻易放他走呢？"

大卫没有做声。约押从王宫出来后，自作主张派人追赶押尼珥，将他带了回来。约押装作亲密的样子，领着押尼珥走到城门洞，突然拔刀将其杀死。大卫听闻此讯，十分恼火，也十分悲痛，守在押尼珥的灵柩前痛哭不已。他禁食一日，令约押全家身穿丧服，为押尼珥送葬。

大卫雕像

押尼珥死亡的消息传入了以色列，人心大为恐慌。在伊施波设宫内，有两个军长，意图杀死伊施波设来取悦大卫。这一天中午，天气炎热，伊施波设在王宫午睡，宫门打开，无人看守，两名军长谎称有事禀报，骗过宫外守卫进入宫内，环顾无人，手起刀落将国王杀死，砍下了头颅，用布包着带出王宫。

两人拿着国王的首级，不敢停留，星夜赶路来到希伯伦，敬献给了大卫，说道："我们忠心顺服伟大的大卫王，将仇敌的头颅献上。他的父亲扫罗，曾经无端加害过您，我们算是给您报仇雪恨了。"

大卫看着伊施波设血肉模糊的脑袋，对着两个军长高声痛骂："像你们这样残忍的奴才，竟然亲手杀害自己的国王，实在罪大恶极！"大卫下令将两人处死，随后将伊施波设的首级安葬。

押尼珥的求和，以及军长的宫廷叛乱，加速了北以色列的瓦解。在伊施波设死后四年零六个月后，以色列各个支派的长老一致推举大卫为王。大卫在三十多岁的时候，正式成为以色列国王。他在位三十三年，将非利士人彻底征服，建立了强大的以色列王国。

约押自作主张，杀死前来和谈的押尼珥，身犯重罪，一向秉公大义的大卫，为什么没处罚约押呢？对于这个问题，《圣经》研究学者认为：

第一，约押忠心耿耿，这对大卫十分重要，别人无法替代。所以，大卫为了更好利用约押，宁愿对这件事情作弹性处理；

第二，约押在军内威望很高，处罚约押，有可能导致军心不稳。约押具有很高的军事才能，而大卫正是用人之际，不忍心失掉这个人才；

第三，约押是大卫的亲外甥，大卫担心处罚约押会引发家族动乱；

第四，约押出身于犹太支派，处罚约押有可能引发犹太人的不满，导致众叛亲离。

大卫让约押全家身穿丧服给押尼珥送葬，一方面是惩戒约押，另一方面是公告民众：押尼珥是约押杀死的，不是出自国王的命令。

大卫寻访米甲，一方面出于夫妻感情，另一方面是让人知道，前任国王女婿的身份，使他更有资格做以色列人的国王。

小贴士

席胜魔（1835—1896），原名子直，山西省临汾人。中国著名的基督教牧师之一。他出生于一个富有的家庭，因为吸食鸦片上瘾陷入贫穷和疾病。后来他戒除了鸦片，受洗入教。席胜魔作为一位传统的中国士绅而接受基督教，成为山西省基督教乃至中华内地会19世纪历史上重大的事件之一。

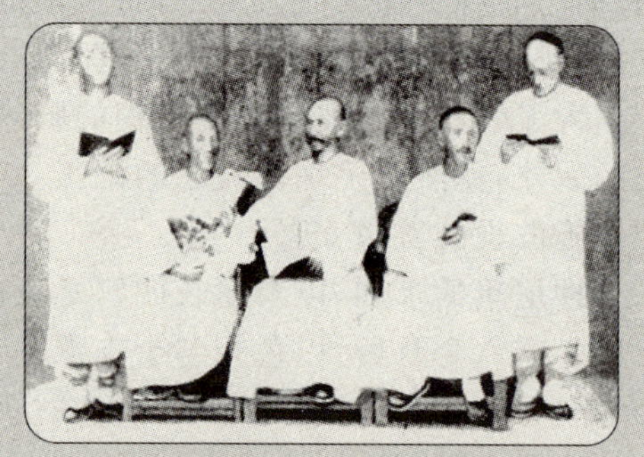

照片中间者为席胜魔牧师

圣城崛起:大卫定都耶路撒冷

朝圣是天主教徒朝拜圣地的宗教活动。天主教有许多关于圣地的传说,如耶稣诞生、受难及复活之地伯利恒与耶路撒冷,使徒保罗和彼得殉难之地罗马,及各地的圣徒墓地纪念地等。天主教徒认为可通过朝圣祈福、赎罪。

大卫众望所归,成了以色列人的国王。大卫原来居住的希伯伦,因为远在南方,不适合再作以色列人的首都。在各个支派的商定下,他们将目光落在了耶路撒冷。

耶路撒冷位于北以色列中央地带,三面环山,又有锡安山作为保障(锡安是耶路撒冷七块高地之一),易守难攻,从来就没有人攻克过。居住在耶路撒冷的耶布斯人,听说大卫要攻打耶路撒冷作为首都,夸下海口:“耶路撒冷固若金汤,就是一帮瞎子、瘸子防守,大卫也打不进来。”这话传到了大卫耳中,大卫说道:“我一定会打下耶路撒冷,把那里的瞎子、瘸子全部赶出去!”

大卫带兵来到耶路撒冷城下,一连几日艰苦攻城,除了死伤大批人马外,没有一点进展,这让大卫苦恼万分。他派出密探,四处勘察耶路撒冷的地形,终于发现锡安山的一侧,有一眼泉水流出。顺着泉水,有一条人工修建的密道,直通城内。这条密道十分隐秘,自恃天险的耶布斯人,忽略了这条密道。当天夜里,大卫一面聚集兵力从正面攻击,转移耶布斯人的注意力;一面派出精兵,沿着密道攀援到耶路撒冷城内,将守城的官兵斩杀,打开城门,城外的大军一拥而入,耶路撒冷一夜之间易帜。

大卫城

大卫在锡安建造王城,坚固雄伟的城墙,一直延伸到米罗。

在耶路撒冷临近的推罗，生长着大量的香柏木。香柏木珍稀名贵，生长期特别长，木质坚硬，是建筑良材。它色泽鲜丽、木纹清晰，充满艺术气息。推罗王仰慕大卫的威名，和以色列建立了邦交，将大量香柏木运往锡安，作为修建王宫的木料。一时间，成千上万的木匠、石匠、役夫，汇聚到锡安。数年后，一座富丽堂皇的城堡宫殿建成了，是为大卫城。大卫在城里面纳妃娶妾，生儿育女，尽情享受。

与此同时，大卫励精图治，彻底打败了非利士人，并远征摩押人。他们将摩押俘虏聚集在旷野，用绳子挨个测量，超过一定高度的全部杀死，留下未成年的，世代为奴。以色列帝国日益强盛，成了迦南地区的霸主。

大卫还把耶路撒冷修建成为以色列的宗教中心。他在军队中挑选了3万人，率领大军前往巴拉犹太，想运回上帝的约柜。他们把约柜从亚比拿达的家里抬出来，放在新车上，亚比拿达的两个儿子，乌撒和亚希约负责赶这辆新车。亚希约走在新车的前面，为约柜开路。大卫和以色列长老，跟在约柜后面载歌载舞。到了拿艮禾场，牛车陷入坑里，约柜失重倒了下来，乌撒眼疾手快，伸手将其扶住，虽然保住了约柜，但是手触约柜却犯了渎神的大罪。尽管出于好意冒犯了神灵，但耶和华依然没有宽恕他，把乌撒当场击杀在约柜面前。

大卫见了这一切，大惊失色，立即下令停止前进，把约柜放在迦特人俄别以东家中保存。3个月以后，大卫才决定把约柜运回京城。抬约柜的人刚从俄别以东家走出6步，穿着白色细麻布以弗得的大卫就献牛和肥羊为祭。大卫走在最前面，带领人们一路欢歌狂舞，登上了大卫城。

自此之后，耶路撒冷盛名远播，成了以色列的宗教中心，也成了以色列万人敬仰和向往的圣城。

锡安山位于巴勒斯坦的耶路撒冷，被犹太民族视为故乡，也用来代指以色列和古代迦南地区，在以色列国歌《希望 Hatikvah》中就有“眺望东方的眼睛，注视着锡安山冈”，“做一个自由的民族，屹立在锡安山和耶路撒冷之上”的话。

扫罗在位的时候，并不看重约柜，所以任由约柜放在亚比拿达家。大卫和扫罗恰恰相反，大卫城刚刚建成，就将约柜迎回，而且很快地，耶路撒冷也成了宗教中心，成了以色列人心目中的圣地。

大卫在少年时期就被膏立为以色列的国王，一直到了30多岁，才真正成为以色列全民之王。这就像孟子所说的那样，“天将降大任于斯人也，必先苦其心志，劳其筋骨，饿其体肤”。在这个过程中，其将体现对上帝的信心。所以，一个人要成就大业，就要有忍耐之心，经得起磨练。

大卫冷落糟糠妻

大斋也称禁食，在圣灰礼仪日及耶稣受难日，一天只吃一顿饱饭，其余只吃半饱或者更少。天主教和东正教对大斋节的要求十分严格，而新教则没有守斋的具体规定。

这一天，大卫城内鼓乐喧天，街道两边站满了兴高采烈、衣着整洁的以色列人。他们在迎接约柜入城。

约柜进入大卫城门，在城门迎接的乐师们，手里拿着松木制作的琴瑟锣鼓，一起奏乐。大卫和众长老跟随在约柜后面，一同进城。满心欢喜的大卫，忍不住随着旁边的人手舞足蹈。大卫妻子米甲在临街窗口，看见大卫在人群中欢呼雀跃，认为有失大体，对大卫产生了蔑视之意。

大卫安置好约柜后，献了燔祭和平安祭，回到王宫。米甲出来迎接，说道："身为一国之王，今天您在百姓和臣下面前手舞足蹈，好大的荣耀呀！"

大卫听出了米甲话中的意思，十分不快："我原本不是一个高贵的人。上帝选中我做以色列的国王，废除了你父亲的王位，我必须在上帝面前跳舞致谢。或许这样，那些百姓和臣下们会更加尊重我呢！"

自此，大卫开始冷落米甲。米甲到死都没有生儿育女。

大卫城修建完毕后，大卫要为上帝修建大殿。先知拿单敢于直言，他看到为了修建大卫城，连年大兴土木，劳民伤财，于是规劝大卫："上帝教导我们，要爱惜自己的子民，就像爱护自己的眼睛一样。修建大殿，势必骚扰人民，使他们不得安宁。上帝自从出埃及以来，从来就没有住过殿宇，而是在会幕中行走。你刚刚修建完大卫城，应该让人民休养生息。修建大殿，又何必着急呢！"

大卫采纳了拿单的规劝，为上帝修建神殿暂且搁置了。

研究者认为，米甲轻视大卫，源于对上帝的不虔诚。她觉得作为一国之君的大卫如此忘情地敬拜上帝，有失尊严。这源于父亲扫罗的潜移默化，扫罗对上帝是不虔诚的，这种态度不自觉地延续到米甲的性格中。

也有研究者认为，米甲改嫁后，和夫君关系很好，可是大卫利用权势，又将她要了回来，她痛恨大卫，于是流露出了轻视之意。米甲终身不育，或许是大卫的疏远，或许是上帝的惩罚。

大卫夺人妻：圣城里面的情杀案

小斋节，是在规定的时间内减少进食，目的是为了“节制己身”。天主教和正教规定每周五不许吃肉，新教则没有具体规定。

大卫见以色列日益强大，渐生享乐之心。

一天傍晚，他在宫殿的高台上散步，远远看见对面窗前端坐着一位美貌的妇人。妇人刚刚出浴，新换衣衫的馨香随风飘来；湿润的长发还滴着水珠。妇人体态婀娜，让大卫神魂颠倒。

大卫问身边的随从：“那个妇人是谁？”

随从过去询问，回来禀告大卫：“她叫拔士巴，是将军乌利亚的妻子。”

当时，乌利亚正在前线跟随约押打仗，大卫差人把拔士巴接进宫里，与自己成就了云雨之事。第二天一早，派人将拔士巴悄悄送出了宫门。时隔不久，拔士巴托人给大卫带信，说自己怀孕了。

拔士巴贪恋大卫的权势，一心想名正言顺地成为大卫的嫔妃。大卫也不满足这种偷偷摸摸的私会，想长期将拔士巴占为己有。于是，大卫起了杀死拔士巴丈夫乌利亚的念头。

沐浴的拔士巴

以色列虽然日益强大起来，但是周边还有很多零星的仇敌伺机骚乱。大卫和拔士巴私通时，约押正巧带领着乌利亚在前线打仗。大卫给心腹约押写了一封密信，信中说道：“你指派乌利亚到最凶险的地方，遇见敌兵的时候命他前冲，你们后退，一直让他战死。”

约押领命，带着乌利亚等人攻打拉巴城。拉巴城上强敌防守，顽强对抗。约押令乌利亚带人攻城，严令一日之内将城拿下，否则军法处置。乌利亚等人冲到城下，被乱箭射死。

约押派人将乌利亚战死的消息告知了大卫。大卫对来人说道：“请你告诉元帅约押，战争有死有伤，不要因此过于悲伤。刀剑无眼，很多事情是难以避免的。盼你尽力攻城，早日凯旋。”随后，大卫追封了乌利亚，并将其厚葬。

闻听丈夫的死讯，拔士巴为丈夫守丧。守丧期限一过，她就被大卫迎娶到了宫中，几个月后生下了一个儿子。

上帝对大卫的行为十分不满，他差遣先知拿单来见大卫，给大卫讲了这样一个故事：“一个城里住着一个富人和一个穷人。穷人一无所有，只有一个女儿和一只羊羔和他相依为命。他十分疼爱这只羊羔，吃他所吃的，喝他所喝的；女儿靠着羊羔奶，一天天长大。有一天富人招待客人，舍不得杀自己的羊，却强抢了穷人的羊，杀了招待客人。”

大卫听了这个故事，十分生气：“这样的富人就应该治罪，赔偿穷人四只羊羔。”

拿单对大卫说道：“你就是那个富人。上帝对我说：我膏大卫为以色列王，屡次救他脱离扫罗的毒手，赐给他战功和财宝无数，他怎么还不满足呢？如果他不满足，我可以加倍给他。可是，他为什么要藐视我，做出伤天害理的恶事呢？他害死乌利亚，夺取了乌利亚的妻子，我必定叫他的家庭永不安宁，仇杀和刀剑伴随着他全家。”

大卫听了拿单的话，诚惶诚恐，拜服在地：“全能的上帝，我愿意接受您的惩罚。”

拿单说道：“上帝暂不理会你，你的儿子必定死亡。”

时隔不久，拔士巴和大卫新生的儿子得了重病，大卫给儿子祈祷，悲痛地禁食。到了第七天，儿子死了。大卫知道这是上帝的惩罚，他沐浴更衣，到上帝帐幕敬拜。

尽管上帝降罪，让大卫和拔士巴的新生儿子重病死去，但是大卫对拔士巴的热情毫不减退，拔士巴成了大卫最为宠幸的妃子。几年过去了，他们又生了一个儿子，这个儿子就是后来的以色列王所罗门。

大卫因淫欲杀人，不但英明扫地，而且埋下了家庭悲剧的导火线。他从一个英明的领袖堕落成一个阴险的小人，源于内心的罪恶。可见，贪念和淫欲是多么可怕。

孩子的死，其实就是上帝对大卫的审判，因为爱子死亡对大卫而言，比自己死亡还要痛苦。上帝没有惩罚大卫，是为了让他治理以色列国家，维系着全体以色列人的命运。

斩杀仇敌：所罗门登基的第一件事

画十字，是基督教徒常用的一种手势，用来表示祝福、驱邪，或者祈求、赞美和感谢上帝，表示自己对信仰的忠贞不屈、克服诱惑和恐惧等。最初只在额头上画十字，后来扩大到身体其他部位。从左到右在额头、心脏和双肩部位画十字，称为大十字。

大卫垂暮之年，畏寒怕冷，在谗臣的建议下，四处搜罗美女，为其“暖被”。在这些美女当中，有一个叫亚比煞的童女，年轻貌美，备受大卫宠爱。但大卫年老体衰，一直没有和亚比煞亲近过。

此时，大卫的两个儿子亚多尼雅和所罗门正在进行王位之争。亚多尼雅垂涎亚比煞的美色，一心想取得王位，占有亚比煞。没想到大卫却将王位传给了所罗门，所罗门成了以色列人的第三代国王。

大卫临终前，给所罗门传下两道密令：“我儿所罗门，请你听好，有些事情你要立刻去办。元帅约押居功自傲，势力庞大，是威胁你王位的心腹大患。他独断专行，我在位的时候，他都敢公然蔑视我的命令，勾结你王兄亚多尼雅，企图逼宫夺权。我早有杀他之心，但是他战功赫赫，我怕在百姓心里落下不仁不义的名声。这个人，你留不得，必定要杀他。第二件事，你王兄押沙龙反叛的时候，我在逃跑途中，遭受过先知示每的侮辱。当时我曾发誓我绝不用刀杀他，现在你不必履行这个诺言了。”

大卫又叮嘱所罗门遵守上帝的吩咐，谨守律例、法度、典章和诫命，随后便与世长辞了。接着所罗门正式登基为王。

一天，亚多尼雅觐见太后拔士巴，请求拔士巴向所罗门求情，将亚比煞赐他为妻。拔士巴说道：“你先回去，我征求一下国王的意见吧。”亚多尼雅知道所罗门对拔士巴十分尊重，她的话都会照办，于是满心欢喜回去等好消息去了。

第二天，拔士巴到大殿见到了所罗门，转告了亚多尼雅的请求。所罗门听罢，并没有像往常一样遵从母亲的意思，反而问道：“亚多尼雅是我哥哥，你可以为他求取亚比煞，怎么不为他求取王位呢？”

面对儿子的反问，拔士巴一时语塞。

所罗门接着说："只有新任国王才有资格娶前任国王的嫔妃为妻。亚多尼雅和我争夺王位也就算了。我刚刚新任国王，他竟然如此大胆前来求娶先王的嫔妃，简直狂妄之极！我对着上帝发誓，必定要处死亚多尼雅。"

所罗门与拔士巴

随后，所罗门派比拿雅将亚多尼雅处死。约押见死党被杀，情知不妙，赶紧跑到上帝的帐幕中，死死抓住祭坛的一角。所罗门差遣比拿雅去杀约押。基督教规定，圣所里面不许杀人。比拿雅见约押躲进圣所，不敢轻举妄动，派人禀报所罗门。所罗门下令打破教规，处死约押。比拿雅杀死约押后，取代了他的元帅之位。

大卫生前叮嘱所罗门，杀掉先知示每。所罗门知道先知是上帝的宠儿，所以违背了父亲的遗嘱，保全了示每的性命，对他说："你就在耶路撒冷居住，有生之年不能离开半步。"

三年之后，示每的仆人出逃，示每骑驴走出耶路撒冷追赶。所罗门听闻示每擅自出城的消息后，派人将他杀死了。

所罗门登基后，做的第一件事就是歼灭仇敌，这既巩固了自己的王位，也完成了父亲的遗愿。

在当时判定一个国王是否继续掌权，是要看他能否继续和女子同床，也就是是否有性能力。大卫时年 70 岁，已经没有性能力了，所以亚比煞一直保持童女之身。大卫失去了性能力，也就引出了王位继承的问题。亚比煞虽然是童女，但却是大卫的正式妻子。亚多尼雅意图得到亚比煞，其实暗藏了篡夺王位的野心，所以所罗门动了杀机。

所罗门是《圣经》时代最聪明、最尊贵的国王，他对母亲的孝道是具有模范作用的，但是他制止了母亲为亚多尼雅的请求，说明所罗门在公义和私情方面，是很分明的。

所罗门智断疑案

教皇亦称“教宗”，译自拉丁文 papa，源于希腊文 pappas，意指“爸爸”，最初本为古代天主教对其神职人员的一般尊称，至今在东派教会中仍有以此称神父者。西罗马帝国灭亡后，罗马主教成为西方教会中的最高首领，这一称谓遂逐渐为罗马主教所独有，开始构成“教皇”之涵义，和“教皇国”的世俗政权相对应。

所罗门登基后，和以色列最大的邻国埃及法老的女儿结亲，这样，以色列边疆安定，邻国和睦。为求风调雨顺、百姓富足，所罗门动身前往基遍的祭坛，给上帝燔祭。

当时，以色列最大的祭坛设在基遍。因为没有给上帝修建圣殿，所罗门按照大卫的律例，在祭坛烧香献祭。所罗门为上帝献上了1000头牛作为燔祭，献祭完毕后，所罗门在基遍过夜。当晚上帝显身，他对所罗门说道：“你有什么愿望，我可以满足你。”

所罗门说：“全能的上帝让我蒙恩，做了以色列人的国王。但是我年幼无知，以色列人才济济，我凭借什么统领他们呢？我希望上帝赐给我智慧，让我能分辨是非，认清忠奸，以便更好地治理国家。”

上帝听了十分高兴：“你不为自己求财求富，也不求自己健康长寿，一心为了治理国家，那我就赐给你无可比拟的智慧。同时，我还让你富足、尊荣，你将成为以色列众王中最聪明、最富足、最尊贵的人。”

所罗门得到上帝的应许，高兴万分。返回耶路撒冷后，再次在约柜面前给上帝献祭。

时隔不久，耶路撒冷发生了一起难断的疑案：两个妓女住在同一个房间，她们先后生了一个孩子。一天晚上，一个妓女翻身的时候，将自己的孩子压死了。于是，她将自己死去的孩子偷偷抱出房门扔了出去，将另一个妓女的孩子抱到自己的床上。第二天一早，两个妓女起了争执，都说孩子是自己的。有人出面调解，但是调解不清，于是两人打起了官司。受理此案的官员对案件束手无策，一级一级上报，最后报到了所罗门这里。

所罗门让人带着两个妓女和孩子前来见他。两人争吵不休：

“活孩子是我的，死孩子是你的。”

“不！她说的是假话！死去的才是她的儿子。”

“活着的是我的儿子！我的儿子……！”

所罗门问到：“你们都说这个孩子是自己的，可有什么凭据？”

两个妓女面面相觑，拿不出凭据来。

所罗门审判

在所罗门的那个时代，医学上还未发展到验血认亲、DNA 亲子鉴定的地步，而同时，本案又丝毫没有其他的人证、物证可供参考。只见所罗门沉思良久，突然睁开眼睛，发出一个简短的命令："拿剑来！"

所罗门对妓女说道："既然没有凭据，那我就将孩子劈开，一人一半领回去，这样谁也不吃亏，你们看怎样？"说完，他命令士兵将孩子放在桌案上，要将孩子劈成两半。一个妓女面露不忍之色，请求所罗门刀下留情；而另一个妓女号啕大哭，奔扑到桌案前，用身子护住了孩子。

所罗门微微一笑："好了，案子了结了。"他指着扑在桌案上的妓女说道："孩子是你的，你领走吧！只有孩子的亲生母亲才肯面对刀剑，舍身保护自己的儿子。"

所罗门智断疑案的事情迅速传开了。人们纷纷叹服所罗门的智慧，对他更加敬仰。

作为当时第一强国的埃及，法老肯将公主嫁给所罗门，反映了以色列的强盛和所罗门的威名。双方和亲可以避免战乱，是一种成本小、收益高的外交政策。但是，所罗门和埃及和亲，却是他败落的开始。由于和亲，埃及的信仰习俗进入以色列，引诱以色列人进行偶像崇拜。所罗门也深陷其中，不能自拔。

所罗门智断疑案，体现了他的智慧和明辨，同时也更广泛地赢得了民心。

小贴士

谢洪赍(1873—1916)，中国近代历史上著名的基督教徒翻译家和著述家。出生于浙江省慈溪，他的父亲就是一位基督教长老会牧师，所以他长大后就受到西方教育。1895 年大学毕业，并到上海任教于中西书院。

犹太和以色列南北分立

枢机主教是罗马教廷中最高级主教，由教皇直接任命，分掌教廷各部和许多国家重要教会的领导权。13世纪中叶，枢机主教开始穿红色衣服，所以又称之为红衣主教。

所罗门用了7年的时间，建造起了一座宏伟壮丽的圣殿。大殿建成后，将约柜放了进去；之后，又花了13年时间，在耶路撒冷城内建造新王宫。新王宫建成之后，所罗门从锡安搬了出来。

上帝的圣殿规模宏大。建造的时候动用了3万名以色列役夫和15万迦南人。圣殿分为内院和外院，外院能容纳数千名朝圣者，内院用来举行宗教仪式。中央祭坛旁边，有一个用铜浇筑的巨大容器，高将近3米，直径4米多，周长13米多，称之为铜海，可容纳8万升水，用来清洗燔祭的牛羊。铜海下面有12只铜牛作为支架；铜海四周有野瓜浮雕；院子里面有10个带轮子的盆座，长宽各近2米、高1米多，上面放着水盆，每个水盆盛水量160升，用来补给铜海中的水。

大殿内的栋梁立柱，全部用珍贵的香柏木；大殿入口有两根高达8米多、周长5米多的镏金铜柱。整个大殿装饰精美，里面的祭祀用品华丽昂贵，稀奇珍宝不计其数。

连年大兴土木耗尽民力民财，所罗门增加税赋，国民有了怨言。在此期间，所罗门不断娶妻纳妾，后宫一共聚集了700名妃子，300名妾嫔。嫔妃里面有300多名其他国家的公主，这些人信仰不同，习俗也不一样，大多信奉异教的神。所罗门耳濡目染，对上帝的信心减弱，也开始信奉起异教的神来。他尤其信奉西顿人的女神亚斯他录和亚扪人供奉的神米勒公。更加出人意料的是，所罗门竟然在耶路撒冷对面的山上，给异教神摩洛建立祭坛。

所罗门的举动，大大触怒了上帝。他多次晓谕、警告，可是所罗门置若罔闻。最后上帝对所罗门说道："你不遵从我的约定，屡教不改，我必定将你的国家从你家族手中夺走，交给其他臣子。但是，看在你父王大卫的情面上，生前我不让你难堪。等你死后你儿子接替王位后，我只留一个支派给他。"

所罗门晚年，国家动荡，先后爆发了三次大叛乱。最后一次叛乱，是所罗门手下的名将耶罗波安发起的。

所罗门崇拜异教神

有一次，耶罗波安在示罗城外，遇见了示罗的先知亚希雅。亚希雅将他带到僻静之处，将身上的衣服撕裂成了12片，对耶罗波安说道："所罗门不遵守上帝的约定，上帝发怒了，要将以色列的10个支派从所罗门手中夺走。这是一个机会，相信我吧，上帝会与你同在！"

受到了亚希雅的鼓舞和暗示，耶罗波安回城准备叛乱事宜，没想到走漏了风声。耶罗波安在所罗门的追杀下逃到了埃及，直到所罗门去世才回来。

所罗门60岁那年在耶路撒冷病逝，在位40年。他死后，儿子罗波安继承了王位。罗波安志大才疏，狂妄骄横。这时候的以色列王国处在衰败和危机之中，所罗门死后，耶罗波安回到以色列，北方十派拥戴他为王。

就这样，以色列再次分裂。北方10个支派，被称为以色列人；而南方的犹太(时称犹大，本书为便于读者阅读统称之为犹太)支派和便雅悯支派，时统称为犹大人，后来转译为犹太人。

上帝曾经叮嘱过所罗门，不要娶外邦女子为妻。所罗门不听，不但和埃及结亲，还娶了300多个外邦公主。这成了所罗门乃至全以色列人对上帝信仰危机的根源。

所罗门不是一下子就离开上帝的，他一开始在小事上偏离了律法，渐渐放松了自己的信心，导致灵性冷淡。微小罪恶的增长，最终将他击毁。这件事情给我们的普遍启示是：不以恶小而为之，微小的差错积累多了，就能积累成大过错。千里之堤溃于蚁穴，就是这个道理。

这个事件标志着以色列国家正式分裂了，在后来的数百年间，以色列也一直没能统一。

南北两国的动荡和衰落

梵蒂冈面积 0.44 平方公里，是世界上最小的国家，是欧洲一个独立的主权国家，同时也是全世界天主教的中心——以教皇为首的罗马教廷的所在地。

北以色列国王耶罗波安定都示剑城内。那时候，以色列南北两国依然将耶路撒冷当作他们的宗教中心。每年，大批以色列人平民和祭司到耶路撒冷参加各种宗教活动，奉献年祭。

耶罗波安害怕长此以往北以色列人会心向大卫家族，对自己不利。他想重新成立一个宗教中心，笼络民心，巩固自己的政权。于是，他指派工匠，铸造了两只大金牛，一只供奉在伯特利，一只供奉在但城，在两个城市分别修建庙宇。之后，去耶路撒冷的北以色列人明显减少，更多人开始信奉金牛神。耶罗波安在利未人之外的普通百姓中挑选容易控制、忠实可靠的人做祭司，规定每年的八月十五为金牛节日。每到这一天，金牛庙内香烟缭绕，人流如织，络绎不绝。

一天，耶罗波安带领众人在伯特利的金牛庙里举行祭拜仪式。突然，一个人跑到祭坛面前，念念有词地说："祭坛要破裂了，祭坛上的香灰要飞散了。"

耶罗波安大怒，伸手指着那人说道："你是什么人，胆敢到这里捣乱！"耶罗波安话音未落，他的手一下子干枯了，就像风干了的柳树枝，随后祭坛破裂，香灰撒满一地。耶罗波安见状大惊失色，哀求那个人道："求您开恩，让我的手复原吧！"那人替他祷告，耶罗波安的手才复原。

耶罗波安知道这个人并非等闲之辈，盛情邀请他进餐。那人说道："上帝叮嘱过我，不允许我在伯特利吃饭喝水！"说完就走了。

伯特利城的一位老先知，知道了这件事情，他骑上毛驴，追赶上神人，问道："你是从犹太国来的神人对吧？请到我家吃饭。"

神人说："上帝叮嘱过我，不要在这里吃饭喝水。"

先知假借上帝的命令，诓骗神人道："我也是先知，刚才上帝差遣天使让我拦住你，让你在这里吃饭喝水。"

神人听先知这么说，就跟着先知回去了。在先知家里吃饭后，他骑着先知赠给的驴子上路了。神人违背了上帝的嘱咐，在这里吃饭喝水，上帝要惩罚他。于是半路上跑出了一头狮子，将神人咬死了，而驴子却安然无恙。

伯特利的先知知道这件事后，寻见了神人的尸体将其运回家去，哀哭了几日，厚葬了神人，并且对儿子说："我死后，要将我葬在神人的墓穴里。"

原来，这个神人是上帝派来给祭拜金牛的信徒施展法力，企图惊醒他们。但是耶罗波安执迷不悟，依旧我行我素。上帝降罪给他，耶罗波安的儿子染上了重病，遍请名医也无法治愈。耶罗波安想到了老先知亚希雅，让妻子拿着重礼前去请教。

此时的亚希雅，年老体衰，双眼昏花。耶罗波安的妻子刚刚走进大门，亚希雅在房间高声说道："是示剑城里面的皇后来了吧！上帝这样说过：'我从万民之中举荐你做以色列人的国王，你却一而再、再而三地背叛我，竟然明目张胆供奉别的神。我必定降下灾祸给你全家，让你家里的男丁全部死尽，一个不留。尸体抛弃在旷野，就像牛羊粪便一样，让狗吃，让鸟啄。'"

皇后听了老先知的一番话，泪流满面。老先知说："你还是回去吧，不过你的脚刚迈进家门，儿子立刻就断气！"

皇后知道这是上帝的旨意，哀求也没有用处，拜别了老先知，匆匆赶往家里。刚刚走进家门，她听见内院传来嚎哭声：儿子已经去世了！

耶罗波安在位 22 年，去世后传位给了儿子拿答；拿答在位两年，被大臣巴沙篡位，巴沙杀了拿答全家。这应了老先知的话："让你家里的男丁全部死尽，一个不留。"此后，北以色列国家陷入了动荡不安，篡位、仇杀、夺权，不断上演。

南部犹太国也是风雨飘摇，内忧外患丛生。罗波安在位的时候，崇拜偶像，纵容王公贵族们蓄养娈童、嫖妓。一时间，犹太国道德败坏、民风大变。所罗门去世 5 年后，埃及的士撒王攻打犹太国，将耶路撒冷王宫里面的宝物财产掠去无数。此后，犹太国又多次被外族侵略。

南北两国国王更迭频繁，而且大都荒淫无道。就这样，曾经显赫一时的以色列分崩离析，在内忧外患的困扰下，日渐衰败。

上帝之所以禁止神人在伯特利吃喝，是因为伯特利信奉偶像，已经成为了不洁净的地方；还有一层意思，怕耶罗波安借吃饭的机会巴结神人，让神人在上帝面前说好话。伯特利的先知为了验证神人的真伪，诓骗神人吃饭。神人违背了上帝的旨意，被狮子咬死，驴子却安然无恙。这种反常现象是向先知表明，神人的确代表了上帝的意思，我行我素的耶罗波安必定要受到惩罚。

寡妇和先知

罗马教廷是天主教会的中央行政机构，协助教皇处理整个教会的事务。教廷官方语言是拉丁语，但也采纳国际通用语言。教廷协助教皇处理政教事务。罗马教廷也是梵蒂冈国家的政权机构。

亚哈是北以色列的国王，定都在撒玛利亚，在位22年。

亚哈的王后是西顿公主耶洗别，西顿人信奉巴力，认为巴力可以使风调雨顺，带来丰收。在王后的影响下，亚哈背弃了上帝，将巴力教奉为国教。他大规模建造巴力圣殿，强迫全民信仰供奉巴力神。亚哈还残酷迫害那些持反对意见的先知和祭司，好多人都逃到深山里求生。

以利亚是当时最著名的先知，他对国王亚哈说："我对上帝发誓，我要是不祷告就不会下雨。以色列要大旱三年。"亚哈说："我有巴力保佑，他能使我风调雨顺、富足丰饶。"

以利亚见亚哈如此执迷不悟，不禁叹了一口气。傍晚时，上帝对以利亚说："亚哈起了杀你之心，你赶紧逃走吧。你出了城门一直往东走，过了约旦河，在基立旁边有一条小溪。你在那里住下，亚哈一定找不到你。"

先知

以利亚连夜出逃，到了基立的小溪边，搭了一间草屋住下。第二天一早，起了杀心的亚哈命兵丁前来捉拿以利亚，当他得知以利亚逃走的消息，不由得暴跳如雷，但也无可奈何。以利亚住在小溪旁，渴了，喝小溪的水；饿了，有上帝派来的乌鸦给他衔来肉饼充饥。

以利亚对亚哈发下大旱的预言后，以色列再也没下一滴雨。旱灾越来越严重，基立的小溪水断流。上帝晓谕以利亚："你到撒勒法去吧，那里有一个寡妇会供养你。"

以利亚动身去了撒勒法，在城门口遇见一个正在拾柴火的寡妇，口渴难耐的以利亚说道："求您给我点水喝吧。"喝完水，以利亚才感觉饥饿比刚才的口渴还难受，他祈求寡妇："您能赏给我一块饼吗？"寡妇面有难色："指着全能的上帝发誓，不是我吝啬，家里没有现成的饼。罐里面只有一点面、一点油，灶里面也只有两根干柴了。那一点东西还得留着给我儿子吃，他吃了这一顿，下顿还没有着落呢。"

寡妇说完，满面愁苦。以利亚说道："请你相信我，去做饼子吧。你会发现，你罐里的油和面一点也不会少。"

好心的寡妇将信将疑，给以利亚做了饼，发现正如他所说的，罐里的油和面一点也没有少。就这样，以利亚在寡妇家里住了下来，寡妇和儿子再也不必为吃饭发愁了。

有一天寡妇的儿子生了重病，全身没有一点气息。寡妇暗想："是不是这个人住在我家里，得罪了上帝了呢？"她对以利亚说道："神人呀，我和你没有瓜葛，你怎么老在我家住着呢？现在上帝降罪了，我儿子这么重的病，恐怕性命不保了！"

以利亚从寡妇怀中接过孩子，回到自己的房间放到床上，将身子伏在孩子身上，连声祷告："全能的上帝，求您拯救这个孩子，让灵魂回到他体内吧。"以利亚三次伏在孩子身上，为其祷告。上帝应许了以利亚的祷告，孩子苏醒了过来。寡妇见状，跪伏在以利亚脚下："我现在相信您是真正的神人了！"

就这样，以利亚在寡妇家里一住三年。

一天，上帝对以利亚说："三年旱灾已满，你回去见国王亚哈吧。"于是，以利亚告别了寡妇，踏上了回家的路程。

上帝降下三年旱灾，用实际行动证明了所谓能给人们带来风调雨顺、庄稼丰收的巴力是假神。在大灾荒中，吃饭是个大问题。而寡妇一家三年之中却能安然无虞，全靠自己单纯的信心。在只有最后一顿的艰难情况下，她还是将最后一餐献给先知以利亚，这种信心产生了神迹。

这个故事蕴含的宗教意义是：神迹的出现，无论大小，都是从顺服和信心的开始。迈出了信心的第一步，才会看到困难解决在望。

一夫抵万夫：迦密山先知斗法

枢机是教义用语，意为“中枢的”、“重要的”，是天主教罗马教皇以下最高级神职人员的职称。枢机是教皇的谘议大臣，协助教皇管理教廷政教大事。

亚哈的王后大肆屠杀以色列国的先知。亚哈的家宰俄巴底虔诚信奉上帝，将100个先知藏在两个山洞里，每个山洞50人，每天给他们送水、送饼。

大旱使以色列大地草木干枯，亚哈王宫也面临用水危机，大批骡马缺少饮水和草料。亚哈对俄巴底说：“我们得四下寻找草料和水源，要不这些骡马都得饥渴而死。”于是，他们出兵两路，去寻找水源和草场。

以利亚奉上帝的命令，告别寡妇往回返，返程途中遇见了家宰俄巴底。俄巴底认出了以利亚，虔诚地跪伏在地上：“这是先知以利亚吗？”

“你是家宰俄巴底吧，看到你很高兴。烦请你禀报国王，说我要求见他。”

俄巴底知道亚哈早有杀害以利亚之心，听了以利亚的话，面色惊慌：“我的先知，我哪里得罪您了，您让我做这样不仁不义的事情！”

以利亚说：“你不要害怕，我奉上帝之命，有大事要求见国王。”

俄巴底这才消除了顾虑，将以利亚引荐给国王亚哈。亚哈见到以利亚，怒气冲冲地说道：“是你降下大旱灾的吗？你让以色列遭受这么大的灾难，还敢主动见我，你胆子不小！”

“让以色列遭灾的不是我，而是你。你违背上帝，崇拜巴力神。能够让国家风调雨顺、庄稼丰收的巴力神，法力哪里去了呢？现在就让你知道，谁信仰的神更伟大。请你转告侍奉巴力的450个先知，让他们带上两只牛犊，明天在迦密山上见我。”

百姓们听到先知们在迦密山聚会的消息，一大早纷纷前来看热闹。以利亚见亚哈和侍奉巴力神的450名先知都到齐了，就对众人说：“如果大家信奉上帝，就要顺从上帝的安排；如果信奉巴力神，就要顺从巴力神的安排。今天让大家知道，上帝和巴力，谁是真正的神。”

以利亚对俄巴底说：“请你将带来的两只牛犊杀了，信奉上帝的先知和信奉巴力的先知各用一头牛举行燔祭。我们各自将燔祭的牛放在干柴上，谁也不许点火。我们各自祈求我们心中信奉的神，哪堆干柴自动点火，就表明他所信奉的是真神。”

先知

以利亚说罢,转身对着众先知:"信奉上帝的先知,除了我之外还有别人吗?那就只有我一个人了?信奉巴力的450名先知都到了吗?那我们就开始吧!"

信奉巴力的先知开始作法。他们将宰杀的牛放在干柴上,一群人围着牛肉念经、跳舞、唱歌。从早晨到中午,他们反复赞颂着巴力的名字:"全能的巴力,请您应允我们吧!"以利亚讽刺道:"你们伟大的巴力神,他或许正在默想或者睡觉呢。你们应该用更大的声音叫醒他。"450名先知开始狂躁了,他们按照他们自定的规矩,在自己身上用锥刺、用刀割,几百个人浑身伤痕累累,鲜血滴落在地上,可是那堆干柴却没有一点动静。

傍晚时分，观众对巴力先知们的表演已经厌倦了，他们围拢在以利亚身边。以利亚请人用12块石头修筑起一个简单的祭坛，12块石头代表以色列人的12个支派。然后命人在祭坛四周挖起一道深沟，摆上干柴，放好燔祭的牛。然后往干柴和牛身上连浇了12桶水，水将祭坛周围的水沟都流满了。以利亚跪在祭坛旁边祷告："全能的上帝，请您显灵吧！"话音刚落，湿淋淋的柴火冒出了火花，越烧越旺，烧尽了燔祭和木材，烧干了四周的水，甚至将石头也烧化了。

围观的人见状，匍匐在地，齐声高喊："上帝才是我们的真神！"以利亚趁机说道："抓住这些巴力的先知，一个也别让他们逃脱！"得知被愚弄的人们怒火万丈，将450名先知抓住，全部杀死。

当天夜里，以利亚在迦密山上祷告。他让仆人向海上观看，仆人说什么也没有看到。如此七次，仆人说："我看到一片乌云从海上飘来了。"不一会儿，乌云笼罩了以色列大地，雷声滚滚，大雨倾盆。遭受了三年大旱的以色列人民从家门冲出来，在雨中舞蹈狂欢。

为了王宫里面的牲口不被饿死，亚哈和俄巴底分头寻找水源和青草。大灾面前，一国之主想到的不是百姓而是牲口。这从侧面反映了亚哈的自私和昏庸。

以利亚除了揭露巴力崇拜的虚假之外，还提醒以色列人不要分裂。他用12个石头垒起祭坛是在提醒人们：以色列人不单单是北部的10个支派，还包括南方的两个支派，12个支派原本是一家人。

阴毒王后计夺葡萄园

弥撒，天主教的主要宗教仪式，由神父主持该仪式，宣称祝圣后的葡萄酒与面饼已变成了耶稣的“圣血”和“圣体”，让参加祈祷的信徒分食面饼。信徒们认为，吃了耶稣的圣体，就可以获得上帝的恩宠，又认为食圣体有永生赎罪之效。教徒参与这种仪式的行为称作“望弥撒”。

以利亚祈祷上帝，给大旱三年的以色列降下甘霖。亚哈的王后耶洗别见以利亚摧毁了以色列人对巴力的信仰，恼羞成怒，扬言要杀掉以利亚。以利亚连夜奔逃，在旷野疾走了一天一夜，累得实在走不动了。上帝遣天使给以利亚送去水和饼，以利亚借着上帝给的力量，连续走了 40 个昼夜，到了何烈山，躲过了耶洗别的毒手。

耶洗别的阴毒，不仅仅表现在残害上帝的先知上。

在亚哈王宫附近，有一个美丽的葡萄园。春天，美丽的鸟儿在葡萄园上空飞翔鸣叫；夏天，葡萄园的绿叶长大，从王宫望去，就像一片碧绿的海，风儿从葡萄园吹进王宫的窗子，带着阴凉的气息；秋天，硕大熟透了的葡萄，闪着晶莹的光芒，吸引着好多游客前来观赏、采摘，欢歌笑语洋溢在葡萄园；冬天，葡萄园在日光下一片静谧。这个葡萄园，是耶斯列人拿伯的产业。

亚哈十分喜欢这片葡萄园，他对葡萄园主拿伯说：“你能将这片葡萄园给我吗？我给你一片更大、更好的葡萄园。如果你想要银子，我可以买下来。”

拿伯听了亚哈的话，十分为难：“尊敬的国王陛下，这片葡萄园，我是万万不敢出手的。因为这是先人留下的产业。”

亚哈见拿伯坚决不肯出让葡萄园，有些闷闷不乐。王后耶洗别见了，嘲笑亚哈

何烈山

无能："你还是不是以色列的国王？这点事情都能难倒你！你尽管开心地吃饭睡觉吧，我有办法将葡萄园归你所有。"

随后，王后想出了一个阴毒的主意。她借用亚哈的名义，给长老贵胄们写了一封举荐信，她在信中写道："我听说拿伯为人正直善良，品德高尚，在百姓中很有威望。像这种有才有德的人，不可埋没，要予以重用。"

长老贵胄们见了国王的信，立即召来拿伯，让他做本地的民间首领。半年过去了，聚集在拿伯身边的人越来越多，耶洗别授意两个心腹，控告拿伯亵渎国王和上帝，企图造反，随后，众人将拿伯拉出城外，用石头砸死了。

拿伯死后，亚哈顺理成章地得到了那片葡萄园。

耶洗别的毒计尽管不露声色，但还是传了出去，被以色列人知道了。慑于王后的淫威，谁也不敢说出来。上帝对此也十分震怒，让先知以利亚去见亚哈，传达上帝的晓谕。当时，亚哈正在拿伯的葡萄园中消暑，以利亚来到这里对亚哈说："你夺取了拿伯的葡萄园，上帝要惩罚你图财害命的罪恶。狗在哪里舔拿伯的血，也必定在哪里舔你的血。上帝要降灾祸给你的家族，凡属于你们家族的男丁，都要从以色列人中灭绝。你的妻子耶洗别，必定要丧命在耶斯列城外，野狗要吃光她的肉！"

亚哈听了以利亚的预言，十分害怕。他无论睡觉还是平时，都身穿麻布忏悔。因为悔恨，他神情变得苍老，走路也缓慢了。上帝见状，对以利亚说："看来亚哈是真心忏悔了，他是那样地难过。看在他忏悔的份儿上，他在世的时候我不会降下灾祸；到他儿子这一代，我必定降灾给他的家人。"

三年后，亚哈带队打仗，被一支流箭射中，不治身亡。亚哈死后，他儿子亚哈谢即位，时隔不久从楼上摔死。亚哈谢死后，他弟弟约亚登基。约亚在位 12 年，以色列战乱频仍，动荡不安。

摩西法律规定，只要有两个或者两个以上的证人证明某人亵渎上帝，这个人就可以被处死。耶洗别正是利用了这两点，先许拿伯以高位，然后将其谋杀。除此之外，她还将拿伯的孩子害死，致使拿伯的产业无人继承。

亚哈的恶行虽然到了极点，甚至比以色列的其他几个国王都严重，但是他最后真心真意敬仰上帝，虔诚表达自己的谦卑和悔改之意。这种态度，其实是对上帝的信心，由此消减了罪恶，上帝减轻了对他的处罚。

这个故事给信徒的启示是：上帝既然能对亚哈实施怜悯，也能对别人实施怜悯。只要现在树立起对上帝的信心，诚心谦卑，无论多么邪恶的人，总有机会获得上帝的赦免。

法力无边的以利沙

四规，又称为圣教四规，是天主教徒对宗教生活应尽的四种义务：

一、凡主日及一总停工瞻礼之日，该参与全弥撒；

二、当遵守圣教会所定的大小斋期；

三、该妥当告解并善领圣体，至少每年一次；

四、当尽力帮助圣教会的经费。

一天，以利沙套着24头牛在田里耕地，正好被路过此地的以利亚看见了。以利亚一眼就看上了这个小伙子，正在寻找先知接班人的他，一番自我介绍之后，问以利沙是否愿意做自己的徒弟。以利沙很早就听闻这位老先知的名声，对他推崇备至，见老先知肯收自己为徒，欣喜万分。

以利沙回去将这个喜讯告诉了父母和乡亲们，父母和乡亲们纷纷向他祝贺。他宰杀了两头牛，和乡亲们热热闹闹吃了一顿团圆饭，告别了父母，跟着以利亚上路了。

隐居的圣人

自此，师徒二人走南闯北，形影不离。数年过去了，以利亚老了，以利沙也学会了以利亚大部分本领。以利亚知道自己不久于人世了，就对以利沙说："我要到伯特利去，路途遥远艰辛，你就不必和我去了。"

以利沙说道："对着永生的上帝发誓，我绝不离开您！"

就这样，以利沙到了伯特利。伯特利的先知们对以利沙说："上帝要将你师父带走，你知道吗？"以利沙怕师父听见了伤心，就对先知们说："我知道，但请你们不要告诉他。"

就这样，师徒二人水米未沾，从伯特

升天图

利到了耶利哥，又从耶利哥到了约旦河。以利亚用衣角拍打河水，约旦河水左右分开，两人足不沾水到了约旦河对岸。

以利亚知道以利沙对自己忠心耿耿，决定将自己全部的本领都传给他。这时候上帝降下火车、火马，将两个人隔开，以利亚身坐火车升空，渐渐不见了。以利沙看着这种神奇的景象，激动不已。他披上以利亚从空中掉下来的外衣，走到约旦河旁边，用衣角拍水，约旦河分开一条旱道——以利亚将自己最后的本领传授给了以利沙。

以利沙来到耶利哥，先知们在城外迎接他。他在耶利哥小住了几日，看到这里的人神情萎靡，庄稼还没到成熟的季节就枯萎了，就问是什么原因。有人告诉他，这里的水质恶劣，人畜喝了，往往得病；浇过水的庄稼，没到成熟的季节就干枯了。以利沙让他们取来一个新瓦罐，里面装满盐。以利沙拿着瓦罐，将盐倒入井中，里面浑浊苦涩的井水瞬间变得清冽甘甜。自此以后，水浇过的庄稼生机勃勃，长势丰茂；人喝过水后，容颜焕发，神采奕奕。

以色列首都撒玛利亚，有一个先知的门徒去世了，留下了一个寡妇和两个儿子。门徒生前得病，欠了很多钱，债主要逼着寡妇卖掉孩子偿债。以利沙听闻此事后，找到寡妇问道："你家里还有什么值钱的东西吗？"

寡妇说："只剩下一瓶油了。"

以利沙让寡妇从邻居那里借了很多空瓶子，将寡妇家的油瓶拿来，往空瓶子里面倒油，油瓶里面的油源源不断地流出，很快将所有空瓶子倒满了。寡妇将这些油卖了，还清了债务，剩下了一些余钱，维持着他们母子的生活。

有一年吉甲大灾荒，百姓们吃野菜中了毒，以利沙用大锅熬了一锅面汤，让人们喝了。自此，不管吃何种野菜，再也没有发生过中毒的事情。一次，一个善心人带给以利沙 20 个饼来救济吉甲的灾民。以利沙身边有 100 多个饥民，他们说道："才 20 个饼，该分给谁吃呢?"以利沙让人们排好队，依次领取饼。100 多个人领完了饼，口袋里面还有很多剩余的。人们吃饱后各自往家中拿了许多。

邻国国王得了麻风病久治不愈，找来以利沙，以利沙让他去约旦河洗浴 7 次，麻风病果然痊愈了；一个信奉上帝、尊敬先知的女人，因其丈夫年老一直无法生育，以利亚祈求上帝，让她有了一个儿子；后来女人的儿子得了重病，以利沙施法，让孩子起死回生；信徒借人的斧头，不小心掉入河里面了，以利沙施法，让斧头漂了上来。

以利沙法力无边，他的故事被人们广为传颂。

关于先知以利沙的几个小故事，出自《列王记·下》。本卷书以先知升天开始，到以色列和犹太两国人民离散到外邦结束。原本威震四海的泱泱大国，由于对上帝的不信仰，分崩离析，最后衰败。

以利亚直接被上帝接到天上。他是圣经中第二位没有经过死亡直接升天的人。

以利沙意为"神即拯救"，或"神是救恩的神"。他是继以利亚后北以色列的第二位重要先知，在位 50 年，经历了 4 个国王。

小贴士

张文开(1871—1931)，字鉴如，号亦镜，广西平乐人。为中国基督教文坛上一名健将。幼读乡塾，以文章词句闻名。1893 年入浸信会，为基督徒。后赴广州，在教会担任文字工作，曾主编《真光》杂志 20 余年。于 1917 年任香港基督教徒所办的《大光报》主笔。著作有《去荆锄》、《与老学究语》、《耶儒辨》等。

两国破灭：耶路撒冷在哭泣

代祷是一种恳求的行动，由信徒为其他有需要的人祈求神的怜悯及恩惠。代祷是一种真实的祈求(不包含崇拜、感恩或补赎成分的恳求行为)。代祷表示在神圣爱的共融中彼此的关怀及支持。

何细亚起兵反叛，杀了前任国王，篡夺了北以色列国的王位。他在位期间，大肆信奉异教神，引起了上帝的极大不满。

当时，北以色列国有埃及和亚述两大强国环伺。亚述王派兵征服了北以色列，北以色列成了亚述国的附属国，每年进贡。随着时间推移，埃及势力逐渐强大，北以色列的一些王公贵族为了摆脱亚述王朝的控制，暗地里和埃及人私通。渐渐地朝内反对亚述王朝的人越来越多，并且占了上风。迫于压力，何细亚同亚述王朝断绝了外交关系，不再向它进贡。在何细亚坐上王位的第四年，恼羞成怒的亚述王大举进犯北以色列。北以色列在这场战斗中惨败，何细亚被生擒，亚述人将他装进了囚车，带到亚述国囚禁起来。

北以色列的残兵，退到撒玛利亚顽强抵抗。亚述大军将撒玛利亚团团围住，用了三年时间才将城攻打下来。攻破城池后，亚述人对撒玛利亚人展开了血腥屠杀。随后，亚述王迫使北以色列人进行大迁徙，大批北以色列人被驱赶，零零散散被安置到亚述国的偏远地带；与此同时，亚述王又将大量外地居民迁入北以色列。就这样，北以色列国家彻底灭亡，存留在北以色列国家的 10 个支派，犹如滴水落入大海，渺不可见。

当时犹太国由希西家执政，希西家看到北以色列亡国，大为恐慌。他吸取了北以色列人的教训，雷厉风行开始了宗教改革，摧毁异教神的祭坛、神像，全面树立上帝的权威。

希西家的宗教改革，触怒了亚述人，亚述人大举进犯犹太国。希西家一方面施缓兵之计，派使者去拉吉见亚述王说："我有罪了，求您离开我；凡您罚我的，我必承当。"亚述王罚他银子 300 他连得，金子 30 他连得。希西家为了凑齐如数的金银，把耶和华殿和王宫府库里所有的银子都拿出来，甚至把圣殿和王宫里包门和柱子的金子也刮了下来充数。此外，希西家动员全体人民起来抗战。军民同心，塞住了耶路撒冷城外的一切泉源和流向城里的小河，使侵略者得不到水喝。希西家还指挥百姓修筑了所有拆毁的城墙，高与城楼相齐；在城外又筑了第二道围墙。

耶路撒冷哭墙

面对希西家的谦逊求和，亚述王得意万分："我们灭了那么多国家，有哪个国家的神来拯救他们呢？我们灭了北以色列，全能的上帝耶和华对北以色列人的庇护在哪里呢？"

上帝听了亚述王的话，派出一个使者，将亚述军营中185 000人全部击杀。亚述王灰溜溜逃回首都尼尼微。几十年过去了，亚述王朝和埃及王朝逐渐衰落，新兴的巴比伦国家强大起来，开始进犯犹太国。他们打败了犹太人，将犹太国王约雅敬用铜链锁住，押往巴比伦囚禁；与此同时，他们将犹太国内的工匠、壮丁和贵族掳走；掠去的金银珠宝、贵重器皿不计其数。

约雅敬的儿子约雅斤即位作了犹太国新国王，仅仅三个月零十天后，又被巴比伦国王废除，囚禁到了巴比伦。

随后，西底家就任犹太国王，在位11年后，受到了亲埃及派的蛊惑，起兵反抗巴比伦。巴比伦王兴兵讨伐西底家，防务脆弱的耶路撒冷不堪一击，很快就被巴比伦军队攻破。巴比伦大军进入耶路撒冷后，将上帝的圣殿当作刑场，无数犹太壮丁被驱赶到圣殿，惨遭屠杀。随后，他们将圣殿的祭祀用品、金银宝贝掳掠一空，燃起了一把大火。就这样，曾经雄伟富丽的耶和华圣殿成了一片灰烬。巴比伦人将耶路撒冷的城墙拆毁，烧毁了王宫。

犹太被划归成巴比伦的一个省，巴比伦王派人担任省长。这样，犹太国也灭亡了。

北以色列灭亡，主要原因是对上帝的不敬。他们抛弃上帝定下的和约和法律，崇拜异教神。尽管先知们多次规劝，但他们始终不予悔改。最后上帝将他们从迦南赶走，让他们颠沛流离，沦落他乡。

耶利米是犹太国最后一位伟大的先知。他力劝西底家不要背叛巴比伦，并且预言埃及必定失败、巴比伦必定攻破耶路撒冷。西底家不听从耶利米的忠告，最终亡国。

第五编
耶稣传说

约翰：旷野中生长的施洗者

圣事是基督教的重要礼仪。天主教和东正教认为圣事一共有七件：圣洗（洗礼）、坚振、告解、圣体、终傅、神品和婚配。新教一般只承认洗礼和圣餐是圣事，而有些宗派不承认有圣事。

犹太国灭亡后，几十年过去了，巴比伦衰落，一个更加强大的波斯帝国诞生了。新兴的波斯帝国灭掉了巴比伦，辽阔的疆域从东部的印度河，一直延伸到西部的地中海地区。波斯帝国的领袖政治开明，对犹太人施行怀柔政策，允许犹太人归家复国。

就这样，犹太人在领袖所罗巴伯（在巴比伦的名字是设巴萨）和耶书亚的领导下，返回犹太，重新修建了圣殿和耶路撒冷。

那时，犹太和加利利地区处在希律王的统治之下。当时有一个年迈的祭司撒迦利亚，他和妻子以利沙伯虔诚信奉上帝，遵从上帝的一切诫命礼仪。可是膝下无儿，夫妇二人因此郁郁寡欢。

一天，撒迦利亚在圣殿值班。一清早，按照规矩抽签，他抽到了一支去圣所烧香的签。他来到圣所的香坛旁边，天使突然显现，对他说道："你不要害怕，你和你妻子的心事，我都知道了。不久你妻子就会怀孕，为你生下一个儿子，名叫约翰。从今天起，你要滴酒不沾，以便让孩子在母腹中充满圣灵。这个孩子必定有非凡的才智和能力，让父亲的慈爱转向女儿，让悖逆的人顺从善良。"

撒迦利亚满腹狐疑说道："我和我妻子都已经年迈，怎么还可能生孩子呢？"因为不相信天使的话，他随后变成了哑巴。

在殿外烧香的百姓，很奇怪祭司在里面这么长的时间。等到撒迦利亚走出来的时候，人们发现他竟然无法开口说话了。

时隔不久，撒迦利亚惊讶地发现妻子果然怀孕了。六个月后，耶稣未来的母亲马利亚，按照天使的预言也怀孕了。她来到撒迦利亚家里，向以利沙伯问安。圣灵注满全身的以利沙伯心里澄明，知道马利亚是主的母亲，一脸谦卑地给马利亚施礼，向主母问好。马利亚在以利沙伯家住了三个月后离开。

马利亚离开后，以利沙伯生下了一个孩子，四邻前来庆贺。第八天的时候，给孩子举行了割礼。同族的长老要按照规矩，给孩子取名撒迦利亚。以利沙伯说道：

“这万万不可,就给孩子取名约翰吧。”

族人纷纷反对:“这怎么行呢,我们亲族中没有叫这个名字的呀!”

变成哑巴的撒迦利亚,在旁边无法发表意见。人们打手势征求他的意见,他向人们要了一块木板和一支笔,在上面写了两个字“约翰”。就这样,孩子的名字定下来了。

令人感到惊奇的是,哑巴了十个月的撒迦利亚即刻能开口说话了,他舌头舒展,口齿清晰地称颂上帝,周围的人都感到十分惊奇。这件事情传遍了犹太地区,人们议论纷纷:“这个孩子以后可了不得呢,因为上帝和他同在!”

施洗约翰

被圣灵充满全身的撒迦利亚预言道:“救世主即将降临,拯救百姓,我的儿子约翰,必定成为救世主的开路先锋。”

约翰在旷野中一天天长大,心灵完美,体格强健。

这个故事出自《新约》中的《路加福音》。故事中的约翰是“施洗约翰”,区别于“使徒约翰”。施洗约翰童年在旷野居住,长大之后开始传道,在约旦河给犹太人施行洗礼,就连救世主耶稣也是约翰施洗的。

研究者认为,约翰之所以在旷野长大,一方面是为了与世俗隔绝,远离尘嚣,让灵命更好地成长;另一方面是避免受到虚伪宗教和世俗政治势力的影响。

耶稣出世：安放在马槽里的圣婴

按照基督教经典的说法，基督教的创始人是耶稣。他 30 岁左右（公元 1 世纪 30 年代）开始在巴勒斯坦地区传教。耶稣声称，他的来临不是要取代犹太人过去记载在《旧约圣经》的律法，而是要成全它。历史上是否真有耶稣这个人，研究基督教的专家一直存在争议，到现在也没有一个求同的说法。

在加利利拿撒勒城，有一个童女马利亚，她刚刚和大卫家族的约瑟订婚不久，但尚未结婚同房。在以利沙伯怀孕满六个月的时候，天使加百列奉上帝之命，告诉马利亚即将怀孕生子，生下的孩子要取名耶稣。天使说道："你儿子耶稣将要成为一个至高无上的人物，上帝会将先祖大卫的位子传给他。他统领的国家将延续不绝，没有穷尽。"

马利亚听后诚惶诚恐："我相信全能的上帝，可我尚未和丈夫同房，怎么能怀孕生子呢？"

天使说道："圣灵要降临到你身上，所以上帝会庇护你。因为你所生的孩子是圣者，是上帝的儿子。你亲戚以利沙伯，也就是祭司撒迦利亚的妻子，年迈体衰，一直没有孩子，六个月前也怀孕了。上帝说的话都会应验的。"

马利亚原本是一个对上帝虔诚的人，听了天使的话，更加顺服上帝的旨意。

马利亚的未婚夫约瑟，是一个老实本分的木匠。当他得知马利亚怀孕的事情后，又是惊讶，又是气愤。惊讶的是，他和马利亚两小无猜，青梅竹马，他知道她不是那种轻浮孟浪的人，怎么会突然怀孕了呢？气愤的是，马利亚怀孕的事实就摆在他眼前，他感到巨大的耻辱。思前想后，善良的约瑟决定维护马利亚的名誉，不事张扬地和她退婚。

约瑟的心事让上帝知道了，当天晚上他派出天使晓谕约瑟："大卫的子孙约瑟，关于你未婚妻怀孕的事情，请你不要多想，这全是上帝的旨意，她将要生一个儿子，取名叫耶稣。你只管将马利亚迎娶过来，你的儿子耶稣，要将百姓从罪恶中救赎出来。"

约瑟原本是一个虔诚信服上帝的义人，听了天使的话，他即刻将马利亚迎娶了过来，只是没有同房。约瑟小心侍奉马利亚，一点也不敢懈怠。

时隔不久，罗马政府进行第一次大规模的人口普查，目的是更好地控制税源。约瑟带着身孕已久的马利亚，前往伯利恒申报户口。伯利恒的客栈住满了客人，他们只好在客栈的马厩里面将就一宿。半夜时分，马利亚腹中疼痛。忽然，一道神圣的光辉笼罩住了马厩，正打喷嚏、踢打蹄子的马，都睁大了眼睛安静下来，静等着万王之王的降生。耶稣降生后，马利亚用破布将圣婴裹住，安放在马槽中。

耶稣诞生

在伯利恒的乡间野外，一群牧羊人在看护着他们的羊群。这时候天使降临，辉煌的荣光照亮了牧人的四周，牧羊人感到十分害怕。天使说道："我是在给你们报告喜讯，你们不要害怕。在伯利恒，诞生了你们的救世主。那个婴孩用布包裹着，躺在马槽里面。"天使说完，一列天兵降临，高唱赞美诗：

在至高之处，
荣耀归于神，
在地上平安，
归于他所喜悦的人。

好奇的牧羊人在伯利恒的马厩中找到了约瑟夫妇，看到了安放在马槽里的圣婴。他们将天使的话四处传开了。马利亚亲耳所闻、亲眼所见，更加相信这是上帝的灵验。

当时，罗马皇帝委派希律管辖犹太和加利利地区。耶稣降生之后，有几个博士从东方来拜见希律王："我们观察星象，得知这里降生了一位犹太之王，请问您知道在哪里吗？"

希律王听了心下不安，但他不动声色，对东方博士说："烦劳几位寻到犹太之王，告知我，我好去敬拜。"

东方博士在马厩中看到了睡在马槽里面的圣婴耶稣，虔诚膜拜，献上最珍贵的黄金、没药和乳香。他们知道希律王不安好心，没有和他打招呼就离去了。

圣婴取名耶稣，出生八天后进行了割礼。根据法律"凡头生的男子，必称圣归主"，约瑟和马利亚带着耶稣，到耶路撒冷圣殿给上帝献祭。

献祭完后当晚，上帝遣派使者告知约瑟："希律王要寻找圣婴杀掉，快点逃走吧。"按照上帝的指引，约瑟和马利亚带着耶稣逃到了埃及，一直到希律王死后才回来。

希律王为灭掉犹太人的王，对全境进行大搜捕，凡是两岁以下的婴儿，全部杀死，犯下了滔天罪行。

"耶稣"在当时是很普通的名字，相当于希伯来文的"约书亚"，是"主拯救"的意思。《圣经》时代，人们对名字十分重视，认为力量来源于名字。对于那些信徒而言，耶稣这个名字，蕴含着巨大的能量，可以使病人得到医治，罪恶得以赦免。在那个时代，没出嫁的女人要是怀孕，会遭受灭顶之灾。如果孩子的父亲不愿意娶她，或者被父亲赶出家门，就会沦落为妓女或者乞丐。即使冒着这么大的危险，马利亚依然遵照上帝的意旨，可见其信心是多么坚定。

如此伟大的救世主，为什么降临在又脏又臭的马厩中呢？这正表明了救世主的普遍性，哪里需要，就出现在哪里。

那些东方博士从哪里来？到哪里去？他们是什么人？这些问题是《圣经》研究领域的难点，现有的资料都无法给出合理答案。但是研究者认为，东方博士送给耶稣黄金、没药和乳香是有目的性的，可以作为他们逃亡埃及之后的生活来源。

小贴士

毕范宇(1895—1974)，美国美南长老会传教士、汉学家、上海国际礼拜堂牧师。抗日战争期间曾做过蒋介石的顾问。孙中山先生《三民主义》一书英文本翻译者。著有《金陵神学院史》、《战时中国一瞥》、《中国——黄昏乎？黎明乎？》等书。

圣殿中的辩难者

耶稣思想的中心,在于"尽心尽意尽力爱上帝"及"爱人如己"两点。耶稣出来传道,宣讲天国的福音,劝人悔改,转离恶行。他的教训和所行的神迹,在民众中得到极大的响应。

希律王去世后,上帝晓谕约瑟一家可以返回犹太地区了。

当时希律王的儿子亚基老做犹太王。亚基老残忍好杀,约瑟一家不敢去耶路撒冷,只好回到加加利的拿撒勒老家。

经年无人居住,约瑟的家荒草丛生,房屋破旧。懂事的耶稣,和父亲母亲一起拔掉荒草,垒砌院墙,修缮房屋。一切就绪后,他们拿着仅有的余钱,买来炊具和少量粮食,给父亲买了一套木匠工具。

约瑟每天天不亮就出去揽活儿,耶稣跟在父亲后面打下手。几个月过去了,耶稣也可以独当一面了。父子二人勤勤恳恳,日子逐渐丰足起来。母亲马利亚操持家务,把家里打理得井井有条。约瑟家里,充满着和谐、宁静和幸福的氛围。

耶稣十二岁那年,父亲和母亲带着他,像往年一样去耶路撒冷朝拜圣殿。朝拜完毕后,马利亚带着耶稣和一帮妇女儿童走在前面,约瑟和一帮青壮年男人殿后,一起往回走。刚到拿撒勒城门口,马利亚才发现,原本走在身边的耶稣不知什么时候不见了。这下急坏了约瑟和马利亚,他们找遍了亲朋好友,都没有耶稣的下落。无奈之下,他们抱着试试看的心理,到耶路撒冷沿街寻找。

三天后,他们找到圣殿,才长出了一口气。他们看见,年仅十二岁的耶稣,端端正正地坐在圣殿上,身边都是宗教界的先知、祭司和领袖,以及大批犹太教师和学者。耶稣神情平静,不亢不卑,专心听他们讲经布道。自由提问的时间到了,他开始向学者们发问,面对耶稣的发问,学者们面面相觑,无法解答。一时间,圣殿上的人们把目光投到耶稣身上,耶稣成了圣殿的焦点。人们议论纷纷:"这是谁家的孩子?"

"这么聪明的孩子,还从来没见过呢!"

"真是少年奇才呀!"

面对这些夸赞,耶稣平静自然。讲经休息的时间到了,耶稣走出大殿,心急如焚的约瑟和马利亚赶紧走过去,抱住耶稣:"你什么时候离开我们的,怎么也不说一声呢,你知道我们多么着急吗?"

耶稣平静地说道："你们不必为我着急，这里原本就是我的家呀！"

约瑟和马利亚虽然知道耶稣是上帝的儿子，但他们抚养他这么多年，就像抚养普通孩子一样。耶稣突然这样的举动，突然说出这样的话来，让他们不知所措。但是他们明白，这个孩子肩负着神圣的使命，他随着年龄的增长，必定会更加神奇和富有智慧。

讲经完毕后，耶稣顺从地和父母回到了拿撒勒，在父母的养育和教诲下，又一起生活了十八年。

耶稣上圣殿

在犹太地区，圣殿是最好的学习场所。当时耶稣随父母朝拜，可能恰巧宗教界的高手学者在举行聚会，耶稣不愿意丧失这个学习的机会，但又害怕父母阻拦，所以偷偷留了下来。

这是耶稣有生以来第一次以上帝儿子的口吻和地上的父母谈话。即便他知道了自己真正的父亲是上帝，他依旧和地上的父母回到了拿撒勒，一起生活了十八年。这充分说明，上帝的子民不会忽视家庭责任，更不会轻视家庭伦理。上帝的儿子都知道顺服地上的父母，而那些普通的教众，是不是更应该敬重家人呢？要知道，供奉上帝和尊敬家人是不矛盾的。

耶稣受洗：天国荣光笼罩约旦河畔

洗礼是基督教的入教仪式，分为“注水洗礼”和“浸礼”两种。接受洗礼的人，可以赦免他的“原罪”和“本罪”。

约翰在旷野，日复一日经受着夏日酷热和冬日严寒的洗礼，忍受着狂风的侵袭和飞沙的击打，他的体格日渐强壮；他的心灵，时时刻刻倾听圣灵的教诲，他对上帝的信仰，虔诚而坚定。

日子一天天过去了，约翰长大成人，他深知自己肩负着为救世主耶稣开道的神圣使命。在上帝的指引下，他离开旷野，走到约旦河附近，为过往的行人布道。

约旦河两岸土地肥沃，每天有农人在田间劳作；商人也在两岸穿梭往来。约翰身穿骆驼毛织成的大衣，腰束皮带，他神情悲悯、语调高亢，对着过往行人高声说道：“天国近了，你们应当悔改，赶快忏悔自己的罪恶吧！”

过往的行人耻笑他，认为他是个疯子：“这个年轻人是从哪里来的呢，凭什么认为我们有罪！”

第二天，人们听见约翰依旧高声说着：“天国近了，你们应当悔改！”好奇的人们围拢过来，想听听约翰怎么说教。渐渐地，人们开始信服了。几个月过去后，约翰的名声广为传播，人们尊敬他、敬畏他，越来越多的人专程赶来聆听他的教诲。人们诚惶诚恐地匍匐在约翰面前，承认自己的罪恶，恳请约翰将罪恶洗去。

于是，约翰开始在约旦河旁边为过往的行人洗礼。约翰对着前来接受洗礼的人说道：“你们都是有罪的人，约旦河水能让你摒弃自己的毒和恶。上帝能让亚伯拉罕的子孙延续，也能将罪恶的人灭绝。上帝锋利的斧头已经准备好了，那些结出罪恶之果的树木，必将被砍伐。”

约翰接着说：“我是用水给你们施洗，叫你们悔改；那些在我之后来的，能力比我更大，我就是给他提鞋也不配。他要用圣灵与火给你们施洗。”

“我们如何去除自己的罪恶呢？”

“心灵向善，虔诚地做上帝喜欢的事。比如你有两件衣服，分给一件给那些没有衣服的人。”

宝座上的圣母子与洗礼者约翰

约翰提醒那些前来受洗的官吏，要勤政爱民，不要贪暴；他对税吏说："按照规定的税赋征收就行了，不要额外加税。"

耶稣得知约翰在约旦河旁施洗的事情后，知道他的开路先锋出现了。他告别了父母，离开了拿撒勒，走出了加利利，来到约旦河畔。

他对约翰说："请你为我洗礼吧。"

约翰见到耶稣，知道这就是他等待的救世主，为世人赎罪的羔羊。约翰面对他的主人、犹太人的救世主，匍匐在地："您是无罪圣洁的，我哪里有资格给您施洗呢，我还等着您给我施洗呢。"

耶稣说道："照我的话做吧，这是我应当完成的礼仪。"

耶稣语调温柔平静，却又肃穆威严，约翰不敢抗拒。为耶稣施洗完毕后，遥远厚重的天幕突然打开，天国的荣光照亮了约旦河畔，圣灵变成圣洁的白鸽，翩跹飞至，停在耶稣的肩上。与此同时，耶和华那庄严肃穆的声音从远方传来："这是我的爱子，我所喜悦的。"

耶稣是一个无罪纯洁的人，为什么要接受洗礼呢？研究者认为，耶稣受洗是为整个国家的罪恶而感到痛悔；同时对施洗约翰的工作表示支持，也表明自己和平民百姓是平等的。

耶稣受洗，圣灵、圣子、圣父三个位格同时出现在约旦河畔：圣子受洗、圣灵降临、圣父说话。

小贴士

郑建业(1919—1991)，基督教学者，中国基督教协会副会长兼总干事，安徽芜湖人。郑建业晚年大力参与学术工作，对建设宗教学提出了一系列创见。

施洗约翰之死：艳后阴谋下的艳丽舞姿

注水洗礼是基督教洗礼方式的一种。行礼时，主礼者（一般为神父或者牧师）给受洗者额上倾注少量水，让水从额头流下，同时口诵规定的礼文。

那时候，希律王的儿子安提帕受罗马皇帝派遣，统治加利利。

有一天，安提帕到同父异母的兄弟腓力家做客，看到了腓力的妻子希罗底。希罗底风姿绰约、顾盼神飞，安提帕一下子看呆了。他不顾自己王侯的身份，热情地和希罗底搭讪。而水性杨花的希罗底也被安提帕的英俊外表所吸引，况且安提帕的权力远远大于腓力。两人心猿意马，眉目传情。

一来二去，两人勾搭成奸。世上没有不透风的墙，奸情很快被腓力知道了。可是腓力忌惮堂兄安提帕的权势，敢怒不敢言，假装不知；而安提帕的发妻更是惧怕丈夫的凶暴，只好睁一只眼闭一只眼。即使这样，两人也不满足于暗中私通，希罗底更是明目张胆跑到希律王的宫中，希律王抛弃了发妻，将希罗底明媒正娶。

希律王的行为激起了人们的普遍非议。施洗约翰对希律王说道："你抛弃发妻，迎娶兄弟之妻，既不符合摩西法律，也违背伦理道德。现在人们对你的行为议论纷纷，我劝你还是知错就改，将希罗底休了吧！"

嗜杀、凶暴、贪婪、好色的希律王，正和希罗底如胶似漆，哪里听得进约翰的规劝。约翰规劝希律王的话传到了希罗底的耳朵里，她不禁恼羞成怒，认为约翰诚心挑拨她和希律王之间的关系，更害怕希律王听从了约翰的意见，将自己遣返回腓力身边，于是力劝希律王将约翰杀掉。但是，施洗约翰威望很高，人们对他十分敬仰，认为他是伟大先知以利亚的化身。希律王也怕杀了约翰，引起众怒；更怕得罪上帝受到惩罚。他思前想后，想出了一个三全其美的方法：将约翰投进监狱，既能出了自己心中的恶气，也让约翰受到惩罚，还不必背负残杀先知的恶名。

希罗底一门心思想让希律王杀掉约翰，她左思右想，忽然心生一计。

希罗底有一个女儿，聪明伶俐，能歌善舞，备受希律王宠爱。希罗底对女儿添油加醋地将约翰描述成一个阴险狡诈的恶人，时间一长，女儿也对约翰恨之入骨。希律王的生日到了，他宴请满朝文武官员，还请了邻国好多国王贵族。在酒宴上，

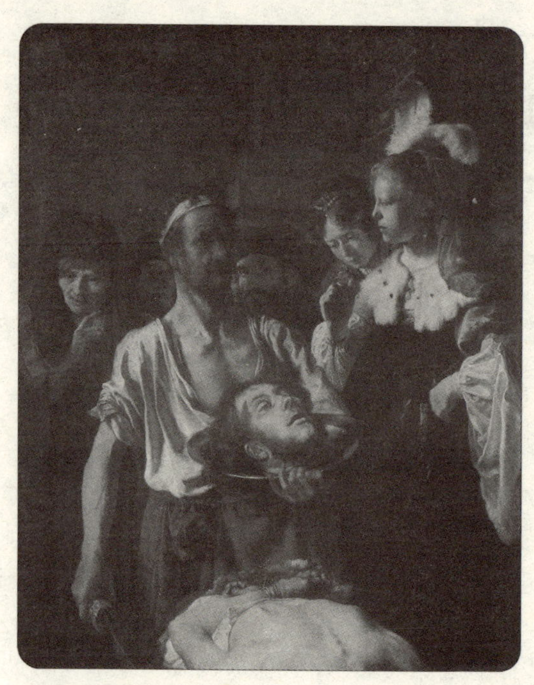
施洗约翰被斩首

希罗底女儿为希律王献上了舞蹈，在场的人无不拍案叫绝。希律王更是喜不自胜，疼爱地对女儿说道："我的女儿，今天你需要什么，只要开口，我一定满足你！"

女儿按照母亲昨晚的叮嘱，对希律王说道："我恳请父王把施洗约翰杀了，用盘子将脑袋呈上，拿来给我。"

希律王听了女儿这个意外的要求，知道是希罗底的主意，万分为难。但是当着这么多人的面，诺言已出，他骑虎难下。最后还是命人将约翰杀死了。面对盘子里约翰鲜血淋漓的头颅，阴险狠毒的希罗底不由得暗自得意。

后来，约翰的门徒历尽周折，得到了约翰的尸身和头颅，将他安葬。

按照摩西法律，迎娶兄弟的妻子是法律所不容许的。

希律家族有着嗜杀和狡诈的传承，而安提帕更是暴虐专制。面对这样一个人，指出其罪行是要冒很大风险的。约翰明知如此，还是要说真话，表明了他的正直和对上帝法律的维护。

安提帕荒淫的个性，也来自希律家族的遗传。安提帕父亲大希律有十个妻子，希罗底是大希律的孙女，却嫁给了自己的叔叔腓力。这个家族，历来就乱伦荒唐，纠缠不清。希罗底的女儿叫撒罗米，是希罗底和前夫腓力所生，当时年仅十六七岁。希罗底明白丈夫希律王的个性，知道他在生日宴会上必定喝醉，于是教唆女儿跳淫荡的舞蹈予以引诱，趁希律王心花怒放、半醉半醒之间提出了杀害约翰的要求。

魔鬼的诱惑

浸礼也是洗礼的一种。主礼者口诵经文，让受礼者全身浸入水池片刻。因为这种方式对体弱者不便，到12世纪多用注水礼了。

耶稣接受完约翰的洗礼后，在圣父的指引下来到了旷野。

暮色降临了，冷风吹动荒草飒飒作响。耶稣在暮色中行走在荆棘丛中，他的衣服都被刮破了。这时候，乌云压顶，狂风吹起沙粒打在他脸上，一道闪电划过，霹雳在他头顶炸响，紧接着暴雨如注，耶稣在旷野中，没有一处避雨场所。

大雨整整下了一夜，清晨雨停了，一阵冷风吹过，耶稣感觉寒冷刺骨。他四下望去，旷野中除了黄沙荆棘，就是乱石杂草。看着茫茫无际的荒野，他不知道该往哪个方向走。这时，太阳升了起来，慢慢地将他身上的衣服烤干。中午时分，闷热的风吹来，扬起的灰尘让他倍感难受，砾石杂草在烈日的炙烤下更加刺眼，耶稣寻不见一个阴凉的地方，他只能不停地奔走。白天，毒蛇从他身边游走而过；夜间，野兽鬼火般的眼睛在远处窥视着他，发出饥饿贪婪的吼叫。

就这样，耶稣在惶恐和困苦中度过了40天，没喝一滴水，没吃一口饭。他感到饥渴难耐，只是每天虔诚祷告，从不间断。

40天过后了，魔鬼来到耶稣身边，说道："你饿吗？"

"我饿！"耶稣说。

"你是上帝的儿子，为什么不把这荒草变成美酒、把砾石变成美食享用呢？"魔鬼诱惑道。

耶稣说："我信奉上帝，上帝将我放到这没有水、没有食物的地方，我怎么能自作主张滥用法力呢！这岂不是对上帝不信任，违背上帝的旨意吗？经书上记载：'人活着，不单靠食物，还要靠神嘴里所说出的一切话。'"

魔鬼见耶稣这么坚决，就对耶稣说："我们到另一个地方吧。"于是，魔鬼携着耶稣腾空而起，来到耶路撒冷，停在了圣殿的顶部。

"如果你是上帝的儿子，就请你从这里跳下去，你一定不会受到伤害。经书上记载：'主要为你吩咐他的使者，用手托着你，免得你的脚碰在石头上。'"魔鬼挑衅地对耶稣说。

耶稣说："我怎么能对上帝起疑心，去试探他呢？经书上写着：'不可试你

撒旦的诱惑

的神。'"

魔鬼带着耶稣来到最高的山峰上，俯瞰着世界上的每一个国家，魔鬼将万国的荣华和富丽指给耶稣看。

“你看这世界上，有享不尽的荣华富贵，有用不完的金钱，有使不尽的权力。这都是世人梦寐以求的呀！只要得到其中的万分之一，就富甲天下了。只要你愿意跪拜在我脚下，我将这一切都给你。”魔鬼继续诱惑耶稣。

“你退下吧，魔鬼。我只信奉上帝、跪拜上帝，怎么可以拜你呢！”耶稣冷冷地说道。

技穷的魔鬼悄悄远去，隐没在云层中。

刹那间，天空变得明澈清凉，微风裹着花香缓缓而来，天使从空中降下，将耶稣环绕。

这是上帝在考验耶稣，虔诚而又坚定的耶稣，没有辜负上帝的期望。

魔鬼是灵界恶魔的领袖，在《圣经》中常常被称为“那试探的人”。自人类始祖以来，他就不断地引诱人们去犯罪，背叛上帝。魔鬼控制着世世代代的罪恶，又被称为“世界之王”。他对抗上帝和信奉上帝的人，又被称为“撒旦”，意思是“抵挡者”。

魔鬼想让耶稣背叛上帝，放弃长远计划和纪律，寻求安逸舒适。他在耶稣最饥饿、最疲倦、最容易被击倒的时候趁虚而入，还是失败了。这个故事给我们的普遍启示是：当一个人身处艰难险境，面对重大抉择和考验的时候，要坚持自己的信心。

小贴士

方豪（1910—1980），中国天主教神父、历史学家，浙江杭州人。1921年全家皈依天主教，在杭州神学院预备学校攻读国学、拉丁文和宗教等，历任浙江、复旦、辅仁、台湾大学教授，卒于台北。

虔诚的渔夫和无花果下的圣徒

使徒（Apostle）原文的意思是受差遣者。指奉主差遣，掌握权柄，有能力传扬福音，有恩赐教导真理，并建立教会的信徒。如彼得和约翰是犹太人中的使徒，保罗和巴拿巴是外邦人的使徒，保罗带领的提摩太和西拉也是使徒。《新约》中的使徒一般指耶稣的十二个门徒。

接受了约翰的洗礼后，耶稣经过了旷野中魔鬼的考验。这个时候，关于耶稣的传说已经广为传颂，人们都知道有一个名叫耶稣的救世主转世了。大家议论纷纷："他长什么样子呢？他真能将我们从罪恶和困苦中解救出来吗？"

这时，耶稣开始周游各地传道。他每到一个地方，圣子的荣光会引来好多人，他对这些人说道："天国近了，你们应当悔改！"

一天，耶稣经过格尼撒勒，在湖边传道。众人簇拥着他，聆听他讲述天国的福音。布道完毕后，众人欢天喜地地离开，只有西门和弟弟安得烈一脸疲倦，愁眉不展。

耶稣问道："你们苦恼什么呢？这天国的福音还不能给你们带来欢喜吗？"

兄弟二人说道："我们赞美全能的主，也相信上帝能救赎我们，使我们得到永生。可是从昨晚到今天，我们兄弟二人不停地撒网捕鱼，连一条鱼也没有捕到。我们今天的饭食，还没有着落呢。"

耶稣说道："你们拉起网，摇起船，往湖心去吧！"

旁边的一个渔夫说道："他们从昨晚到现在，一直在湖心鱼儿最多的地方撒网，都没有打到一条鱼呢。现在再去，恐怕也是空跑一趟吧。"

兄弟二人说道："相信全能的上帝吧，或许就会出现奇迹呢！"

于是，二人拿起渔网，摇着船荡到湖心，一网打下去，依旧是空的，连一根水草也没有。这时候他们看见耶稣在岸上向他们招手，示意他们继续。于是兄弟二人连续打了十二网，一无所获。他们信心百倍地洒下第十三网，欢喜的心情代替了失望和疲倦，满满一网鱼实在太重了，他们竟然扯不上来。

在旁边打渔的雅各和约翰见状，前来帮忙。一网鱼装在两条船上，到了岸边。西门和安得烈来到耶稣面前，跪伏在地上说道："我的主，你法力无边令人敬仰。请让我们追随你吧！"雅各和约翰也跪伏在地，表示愿意追随耶稣。耶稣看到了四个

基督和门徒

人的虔诚和顺服，答应收他们为徒。

这样，西门、安得烈、雅各和约翰成了耶稣的第一批门徒，后来，耶稣给西门改名为彼得。

四人分别向家人告别，抛弃了所有家业，在耶稣的带领下，踏上了布道的旅程。在半路上，师徒五人遇见了西门的同乡腓力。西门对腓力说道："这是我们遇见的弥赛亚（基督、救世主的意思）。"腓力听了，虔诚地跪伏在耶稣面前，祈求耶稣收他为徒。得到耶稣的应允后，腓力说道："弥赛亚的光辉不能我一个人独享，我的至交拿但业一直仰慕您的盛名，求您也收他为徒。"

在腓力的带领下，耶稣见到了拿但业。耶稣远远看到拿但业，满意地说道："这是一个真正的以色列人，他心中没有诡诈。"

拿但业问道："您又是如何得知的呢？"

耶稣微微一笑："刚才我们没有到来的时候，你是不是站在无花果树下乘凉呢？"

拿但业惊讶万分地跪伏在地："您就是上帝之子，是以色列之王，我愿终生追随您！"

耶稣说道："因为我说在无花果树底下看见你，你就信了吗？你将要看到比这更大的事，天将要开了，天使会降临到凡人身上。"

此后，又有几个门徒跟随耶稣传教，耶稣一共收了十二位门徒：

彼得、安得烈、西庇太的儿子雅各、约翰、腓力、拿但业、多马、马太、亚勒腓的儿子雅各和达太、西门、犹大。

这里的约翰是使徒约翰，区别于施洗约翰，他和彼得、雅各是耶稣最信任的门徒。

彼得是希腊语，意为"磐石"；无花果树下，是犹太人静思、默想的好去处。

拿但业称耶稣为"以色列之王"，表明了犹太人对弥赛亚政治性的期盼。

干枯的无花果和新生的圣殿

净礼是天主教礼规之一，也称作“洗手礼”。司祭在举行弥撒祭献前，准备穿祭服的时候，用清水洗手指；在弥撒中，即将举行正式祭献前，还要洗手；弥撒结束前，用酒和水洗净手指，然后喝下该酒水。

犹太人的重大节日——逾越节快要来临了，在外地传道的耶稣赶往耶路撒冷，要在圣殿和信徒们一起度过这个喜庆的节日。

耶稣到了耶路撒冷，他先去了圣殿，要给天父祷告。可是，那里的景象让他感到惊讶：圣殿的外院牛羊成群，卖主招呼着买主，买主和卖主讨价还价，呼喝喊叫之声此起彼伏，牛叫羊咩之声不绝于耳；牛羊的屎尿，将地面弄得污秽不堪。再往里走，是一群卖鸽子的，鸽子们停在圣殿的房梁上，不时有鸽子屎落下。走进内院，小贩们的货摊，挨挨挤挤，成了一个大集市，叫买叫卖声嘈杂混乱，赶集买东西的人摩肩接踵。靠近祭坛，一溜儿柜子摆开，一群商人在兑换银钱，银钱的撞击声叮当脆响；几个前来祭拜的虔诚信徒被挤到一个角落里，无法举行祭拜仪式。

耶稣见状大为震怒，他大声说道：“圣殿原本是万国祷告的殿，现在倒成了贼窝！你们赶快出去，不要把我父亲的圣殿当作买卖物品的集市！”说完，他将几个商人的钱柜和货摊掀翻踢倒。人们对这个陌生人的举动感到奇怪，还没有缓过神来，耶稣抓起小摊上的一捆绳子，开始抽打身边的人，人们四散逃窜。耶稣从内院走到外院，用鞭子一阵抽打，将那些牛羊都赶了出去。

圣殿的祭司长和文士们都是法利赛人，他们见状刚想说什么，就发现耶稣带着门徒拂袖而去。于是，他们就起了杀害耶稣之心。

天色已晚，耶稣离开了耶路撒冷，到附近的伯大尼过夜。第二天一早，耶稣返回耶路撒冷的时候感到饥饿，他看见路旁有一个无花果树，走到近前一看，树上没有果子可采摘充饥。耶稣十分生气，对着无花果树说道：“这棵树永远也不会结果子了。”于是，无花果树就立刻干枯了。随行门徒见状十分惊奇地问：“这树为什么干枯了呢？”耶稣说道：“只要你们有信心，不但能使无花果树干枯，也能将山挪到海里去。只要有信心，你们祷告什么、祈求什么，都能实现。”

他们到了圣殿，祭司长和民间的长老质问他说：“你昨天的行为是谁授权给你的？你有什么资格赶走圣殿里的买卖人呢？”耶稣说道：“我也问你们一个问题，你

基督将商人赶出教堂

们要是能回答上来，我就告诉你我的权力是哪里来的。请问，约翰的洗礼是从天上来的还是从人间来的？”

听了耶稣的问话，祭司长和长老们面面相觑：“我们若说‘从天上来’，他必对我们说：‘这样，你们为什么不信他（耶稣）呢？’若说‘从人间来’，我们可能要被百姓砸死，因为他们认为约翰是先知，约翰的权力一定是从天上来的。”

他们回答不上这个问题来，心有不甘，继续刁难耶稣：“你既然有这么神秘的权力，为什么不显示神迹，让我们亲眼见识呢？”耶稣说道：“你们把这圣殿拆了吧，我三天之内能重新建起来。”

长老们听了纷纷嘲笑耶稣夸海口：“圣殿建造用了四十六年，你能用三天建起来？”于是，他们真的将圣殿拆除了。三天之后，他们发现一座一模一样的雄伟圣殿拔地而起，惊讶得目瞪口呆。

伯大尼的希腊文意思是“枣”或“无花果之家”，是困苦之家。伯大尼距离耶路撒冷三公里，在约旦河西岸、橄榄山东麓，是一个不起眼的小村庄。前往耶路撒冷的旅客，经常在这里住宿停留。耶稣在耶路撒冷受到犹太教首领们的排斥，在这里却备受欢迎。

耶稣诅咒无花果树，暗喻圣殿外表雄伟庄严，里面却一团乱糟，污秽不堪；无花果外表繁茂，却不结果实。耶稣在这里提醒门徒，一定要对上帝充满信心。

法利赛人质问耶稣从哪里得到权力，耶稣用了一个不相关的问题反问。假如耶稣说是从天上来的，他们可以控告耶稣亵渎上帝；假如耶稣说是从人间来的，那么他们有理由认为自己拥有更大的权力。他们不在乎耶稣的答案，只是要寻衅，找借口杀掉耶稣。但是耶稣用一个不相关的反问，让他们陷入了两难境地。

耶稣用三天时间让坍塌的圣殿获得新生，预示着自己死后三天复活。

“你们中间有一个是魔鬼”

终傅是天主教和东正教的圣事之一，在教徒年迈或者病危时，神父用经过主教祝圣的橄榄油，敷擦病人的耳、目、鼻和手足，并且念诵一段经文，认为借此赋恩于受宠者，赦免罪过。

当时的以色列人忍饥挨饿、生活困苦。当他们知道耶稣用五张饼、两条鱼，给五千多人提供了充足的食物后，许多人慕名前来，希望在耶稣的神迹下，填饱肚子，得到意外的好处。

人们到了五千人吃饭的旷野，却发现耶稣带着众人离开了。他们四处寻找，终于在迦百农的海边寻见了耶稣。人们说道：“我们虔诚地信服您，所以历尽千辛万苦来找您。今后我们就要追随您了。”

耶稣看透了这些人的心思，毫不客气地说：“你们找到我，并不是信服我，而是我的那些神迹能给你们带来好处，能够用饼填饱肚子而已。所以我劝诫你们，不要为这些事情枉费心机了，要为那些永远不腐烂的食物去奋斗。如果你们有足够的信心，圣子会赐给你们这些永生食物。”

“我们应当怎样做，才能得到永生的食物呢？”人们疑惑不解。

“你们信奉上帝，顺服上帝，对上帝所派遣的人心怀虔诚，就能得到永生的食物。”耶稣说道。

“我们凭什么要信你说的话呢？你有没有让我们亲眼所见的神迹呢？我们知道在很久以前，摩西从天上降下食物来给民众吃。你的永生食物是从哪里来的呢？”人们问道。

耶稣说：“你们错了，那不是摩西降下的，是我父亲从天上降下的。”

人们祈求：“上帝呀，从天上将那样的粮食赐给我们吧，让我们永远摆脱这饥饿之苦！”

耶稣说道：“我就是从天上降下来的，我就是你们永生的食物，追随我、相信我，永远不会饥渴。我父亲差遣我下来，是让信奉我的人永生。”

人们见耶稣这么说，心生疑惑。人群中有敌视耶稣的犹太领袖，心怀恶意地说道：“你不是拿撒勒人吗？你的父亲是个小木匠，叫约瑟。你这个木匠的儿子，怎么是从天上降下来的呢？大家不要信他，他是想蒙骗我们、讹诈我们，他是一个

门徒犹大

疯子！”

听了这些话，人们议论纷纷，耶稣说道：“相信我的人，必然会获得永生。你们的祖先吃过上天降下的吗哪，到老还是死了；我是上天降下的生命之粮。你们吃了这粮食，就会永远活着。我要赐给你们的粮食就是我的肉。”

人们听了更加惊讶：“他怎么让我们吃他的肉呢？”

耶稣说道：“我的肉是可以吃的，我的血是可以喝的。吃我肉喝我血的人，你们就会和我融为一体，因为我而永生，不像你们的祖先，吃了吗哪还是死了。”

人们认为耶稣的话狂傲自大，不可信服。

耶稣接着说：“你们厌倦我的说教了吗？假如有一天，你们看见我回到了生养我的天国，你们会有怎样的想法呢（《圣经》原文是“倘或你们看见人子升到他原来所在之处，怎么样呢？”）？支撑一个人的生命的，是灵，而不是肉体，肉体是无益的。我对你们所说的话，就是灵，就是生命！”

听了耶稣的这些话，躁动不安的人们安静下来。

耶稣转身对着十二位门徒说道：“就连你们当众，也有不信的。我不是挑选了你们十二个门徒吗？但你们中间有一个是魔鬼。”

这是耶稣的一个预言，他知道信徒中有人不信任他，要出卖他。这个人就是犹大。

耶稣批评那些前来追随他的人，是因为他们没有灵性上的渴求，只有自身利益上的追逐。耶稣认为，信徒只有和基督建立正确关系，才能满足信徒灵性的饥渴，维持属灵生命。所以，耶稣将自己称为生命之粮。

“倘或你们看见人子升到他原来所在之处，怎么样呢？”这句话，预言自己不久将殉难。那些原本不信任耶稣的人，看到耶稣被钉死在十字架上，会更加不信任他；反之，那些真正的信徒会对他更加信任和顺服。

耶稣对淫妇的审判

神品是基督教教会神职人员权力、职分的等级。天主教会神品分为七级，领受神品的仪式由主教主持。

耶稣虽然降临于世，但好多人都不知道耶稣就是基督。有人认为施洗约翰是基督，有人认为摩西是基督，还有人认为基督一定出自那些伟大的先知之中。

经过两年的追随，门徒亲眼所见、亲耳所闻，终于明白，他们的师父耶稣就是上帝的儿子，以色列人的救世主。

一天，耶稣问门徒："人子是谁，我又是谁呢？"门徒彼得说道："您就是我们的救世主，上帝永生的儿子！"

就这样，耶稣是救世主的消息，一点点传播开了。

祭司长和法利赛人一心想陷害耶稣，他们派出差役前去捉拿。耶稣对差役说："我在世的时间不多了。不久的将来，我从哪里来，就要回到哪里去了。到时候，你们想要找我也找不到了，我所在的地方，你们也到不了。"

耶稣的话神秘而且具有震撼力，差役们不敢捕捉耶稣，只好空手而归。

但是法利赛人仍不死心，寻机为难、挑衅耶稣。一次，法利赛人捉住了一个正在偷情的妇人。他们得知耶稣正在圣殿传道，于是将妇人带了过去。祭司长假惺惺地向耶稣请教："这个妇人正在行淫，被人捉到了。如果按照摩西法律，这个妇人就应该被石头砸死。请问您说该怎样处置她呢？"

基督与信徒

祭司长说完，站在一旁等待耶稣的宣判。正在接受传道的人也都安静下来，静听耶稣发言。耶稣明白法利赛人和祭司长的用心，他用手指在地下画来画去，祭司长不断催促耶稣尽快宣判。很长时间过去了，耶稣说道："你们当众谁没有犯过罪的，可以站出来，用石头砸死这个妇人。"

耶稣说完，继续用手指在地上画字。祭司长和旁边的法利赛人听了耶稣的话，都走了出去，大殿里面就剩下了耶稣和妇人。惊恐的妇人跪伏在耶稣面前，请求饶恕。耶稣站了起来，问道："那些人呢？"

妇人回答："他们都出去了。"

"现在还有人定你的罪吗？"

"我的主人，现在没有人了。"

耶稣说到："我也不定你的罪。你快走吧，以后不要再犯错了。"

妇人欢天喜地地走了，站在殿外的人面面相觑，谁也说不出话来。

法利赛人和祭司长利用女人设下陷阱，企图陷害耶稣。如果耶稣令人砸死妇女，就会触犯罗马法律，因为罗马法律禁止使用私刑；如果他判妇女无罪，就会触犯摩西法律。事实上，摆在耶稣面前的是一个两难选择，但智慧的耶稣还是轻松绕过了陷阱。耶稣让无罪的人用石头砸死妇人，法利赛人仅凭这点，是无法控告耶稣的。同时，这也表现了耶稣的宽容和怜悯之心。

耶稣虽然放过了妇人，但是叮嘱她回去之后要悔改，不要再次犯错，说明耶稣在宽恕的同时，并没有纵容妇人的行为。

小贴士

于斌（1901—1978），字野声，洗名保禄，黑龙江兰西人，曾任天主教南京总教区总主教、第二位华人枢机、天主教辅仁大学在台复校后首任校长等职务。

复活在我，生命也在我

圣诞节是基督教的重要节日，为纪念耶稣基督的诞生，多数教会都有这个节日。现在这个节日已经成为西方国家普遍庆祝的世俗节日了。

耶稣在伯大尼居住、传道，好多人信服他、尊敬他。马利亚和妹妹马大、弟弟拉撒路，既是耶稣的忠实信徒，又是耶稣的好朋友。耶稣每到伯大尼，就住在马利亚家里。

这天，有人找到了在外地传道的耶稣说道："给您带来一个不好的消息，拉撒路病了，很严重，请您回去给他瞧瞧。"耶稣对来人说道："我抽不开身，还得在这里呆两天。不过我会回去的，你转告拉撒路，让他放心。"听了耶稣的话，来人回去了。两天过去了，耶稣对众门徒说道："我们返回吧！"

那时候，法利赛人正在寻隙迫害耶稣，门徒说道："犹太人近来要拘捕您，您还要回去吗？"

"我们的朋友拉撒路睡着了，我要回去叫醒他。"耶稣说道。

门徒误会了耶稣的意思，说道："他要睡着了，那病应该快痊愈了吧！"

"拉撒路已经去世了。他受了上帝的荣耀，所以我替他欢喜，也让你们相信。"耶稣说完，带着门徒动身赶往伯大尼，来到马利亚家门前。围观的人纷纷说道："你怎么现在才来，还说是拉撒路的好朋友呢！他已经去世四天，葬在坟墓里了。"

马大听闻耶稣来了，赶紧出门迎接，说道："我的主呀，您要早点回来，我的兄弟就不会死了，他已经去世四天了。不过直到现在，我也依旧相信，无论您向上帝祈求什么，上帝都会让您如愿的。"

耶稣说："你的兄弟必定死而复生。"

马大听了耶稣的话，带着信任的语气说道："是的，我知道我弟弟会在末日复活的时候，一定能起死回生！"

"复活在我，生命也在我！信我的人，虽然死了，也必复活。你相信我说的吗？"耶稣问道。

马大见耶稣的话这么坚定，取消了所有的疑虑："我的主啊，我相信您是基督，是上帝之子！"

这时候马大和耶稣走进屋子，马利亚看到耶稣，匍匐在耶稣脚下，说道："我的

拉撒路复活

的主啊，您要在，我兄弟就不会死了，他已经去世四天了。”马利亚说完，悲痛地嚎啕大哭，众乡亲也忍不住纷纷哭泣。耶稣见状，悲从中来，也忍不住哭了起来。乡亲们见状说道：“你看他对拉撒路的感情多深呀！”也有人说道：“他能让瞎子看见东西，难道不能让拉撒路不死吗？”

耶稣让马利亚带领着来到拉撒路坟墓前，坟墓是一个洞，用巨石挡着。耶稣吩咐身边的人将石头挪开，马大说道：“我的主啊，我弟弟死了已经四天了，现在天气这么热，尸体恐怕都臭了。”

耶稣说道：“我不是和你说过吗，只要你相信，必定能看到上帝的荣耀。”

墓穴的石头被挪开后，耶稣双眼望着天空祈祷：“天父啊，我感激您，我知道您经常聆听我的祈求。今天我再次祈求您，让我身边的这些人相信，我是您从天国差遣来的圣子。”

祈祷完毕后，耶稣高声说道：“拉撒路出来！”不一会儿，拉撒路从坟墓中走了出来，手脚还裹着布，脸上包着头巾。围观的人见到如此神奇的事情，纷纷跪伏在耶稣面前，更加相信他就是降临世间的救世主。

耶稣明明知道他最亲密的朋友拉撒路重病在身，却还要在外地多耽搁几天。研究者认为，这是上帝对时间的安排，耶稣需要遵守。也有人认为，耶稣心里面已经有了完美的安排，只是没有说出来而已。

面对拉撒路的死，耶稣替他欢喜。对于这种反常的情绪，研究者认为，耶稣可以借机显示自己的大能，坚定人们的信仰。死而复生是基督教信仰的关键，耶稣不仅能让自己死而复生，而且也能让他人死而复生。而耶稣受到马利亚情绪的感染也哭泣了，这是耶稣在表露人的不同感情。当时希腊人普遍认为上帝没喜、怒、哀、乐等感情，不理会人间琐事。

故事中，无论围观的乡亲，还是死者的姐姐马利亚和马大，都反复强调“他已经去世四天了”。这是当时犹太人的一个观念，犹太人坚信人一旦死亡超过三天，身体开始腐烂，就绝对没有复活的可能了。

这个故事后来衍生了一个生物学术语：拉撒路效应。拉撒路效应是指一个生物体在化石记录中消失了很长时间后突然重新出现，好像死而复生。

羊的门

牧师，牧羊人的意思。基督新教大多数宗派中主持宗教仪式、管理教务的人员，一半是专职宗教职业者。耶稣以牧人自喻，以羊比喻教徒，这是牧师一词的由来。

耶稣带着信徒，在传道的途中路过一片旷野，旷野中有一个牧羊人，他抱着一只羊羔亲吻、欢呼。信徒们走近牧羊人，问他说："你为什么这么欢喜呢？"

"它刚才脱离羊群迷路了，我刚刚找到它，所以欢喜。"牧羊人说道。

"好奇怪呀，你面对一只羊羔的喜悦，甚于面对一群羊的喜悦！"信徒们疑惑不解。

耶稣见牧羊人木讷无语，说道："你们不可小看任何一个微小的东西，哪怕千百只羊中的一只小小羊羔。就像这个牧羊人一样，他有一百只羊，其中一只羊迷途走失了，牧羊人必定要将他找回来。要是找到了，就像这个牧羊人一样，他会抱着羊羔亲吻、欢喜，比面对其余的九十九只羊还要高兴。你们就像这羊群里的羊，天上的父亲，时刻关心着你们每一个人，不会因为你卑微、低贱而放弃你。他不愿意看到你们中间有任何一个人沉沦，只要有一个人沉沦，他就要极力救赎，将你引到正道上来。"

耶稣的话，引起了牧羊人的兴趣。他高声向附近的牧羊人喊话："大家快来呀，先知传道了。"越来越多的人来到耶稣面前，他们在一棵茂盛的橄榄树下坐定，耶稣继续说道："一个人要进入羊圈，他不从正门进入，而将篱笆弄破钻进去，或者越过羊圈的墙进去，那么他就是窃贼、强盗。如果从正门进入，那才是牧羊人。"

牧羊人听耶稣讲关于羊圈的事情，兴致勃勃地听下去。耶稣接着说："牧羊人走到羊圈门前，他将自己的羊叫出去，自己在前面领路，羊会自觉跟着他，那是因为羊听得出他的声音。羊不会跟随牧羊人之外的陌生人，因为羊不认得陌生人的声音。一旦陌生人走近，它们就会逃跑。"

围坐的人不明白耶稣话里的含义，耶稣又对他们说："我是从天而来的基督，我就是羊的门。凡是在我之前来的，都是窃贼和强盗，羊不会听从他们的领导；凡是从我的门进来的，必然得到拯救，而且有丰美的水草。"

附近农田里的人、海边打渔的人、去集市往返的人都围拢过来，听耶稣布道。

回归的羊群

"窃贼进入羊圈，无非是要盗窃羊羔，杀死、卖掉或者吃肉；而我来了，是要拯救羊群，并且让他们更安全，吃得更好，活得更好。我是一个称职的牧羊人，为了羊群，我会舍弃自己的生命。如果不是牧人，而是雇工，一旦狼群来了，他就会丢下羊群逃命，任由狼群践踏羊群，因为羊不是他的。我是一个合格称职的牧羊人，我认识我的羊，我的羊也认识我。正如天父认识我，我也认识天父一样，在别的羊圈里面，还有我的羊，我要将它们领到这个羊圈里来，它们也要听我的声音，并且要合成一群，归一个牧人了。天父喜欢我，因此将我的生命舍去，然后再收回来。没有人有资格、有能力将我的性命夺走，是我自己舍弃的。我有权力舍了，也有权力取回来，这是我从我的天父那里所受的命令。我父把羊赐给我，他比万有都大，谁也不能从我父手里把他们夺去。我与天父合二为一（原文：我与父原为一）。"

围观的人中，有人对耶稣的话不屑一顾："他一定是被魔鬼附体了，或者是个疯子，为什么这么多人听一个疯子唠叨呢？"

也有人受过耶稣的恩，或者见过耶稣的神迹，说道："这不是鬼附之人所说的话，魔鬼附体的人，能医治好瞎子、瘸子和聋子吗？"

自此以后，跟随、信奉耶稣的人越来越多。

这个故事耶稣用了比喻的手法，说明基督就是牧羊人，天下万民就是待救赎的羔羊。在羊圈内，牧羊人就好像一扇门，抵挡着恶狼和盗贼，保护着羊群。对万民而言，基督耶稣就是羊圈的门，万民必须经过他，才能得到上帝的救恩。他也是万民的保护者，维护着万民的安全。

耶稣自称"我与父原为一"，耶稣就是上帝的儿子，除了耶稣这个门之外，没有通向上帝更简捷的途径了。耶稣之门，也是通往上帝的唯一途径。

其他羊圈里的羊，暗示耶稣不仅仅来拯救犹太人，而且肩负着拯救天下万民的使命。

税吏撒该的税银

圣牌是天主教徒佩戴的宗教物品，用金属或者塑胶制成，上面刻有耶稣、马利亚、天使或者圣徒像，教徒佩戴在脖子或者身上，或者挂在车船内，认为可以避祸得福，死后随之下葬。

法利赛人和大祭司害怕耶稣的威望和影响力越来越大，会争取到更多的下层犹太人，引起罗马政府的猜疑和不满，于是密谋杀害耶稣。因此，耶稣在圣殿过完住棚节后，不敢在耶路撒冷过多停留，带着门徒到各地布道去了。

逾越节临近了，许多犹太人赶往耶路撒冷，要在节前洁净自己。他们在圣殿中互相询问："你们有没有耶稣的消息，他来这里过节吗？"祭司长和法利赛人吩咐众人："你们要是看到耶稣在哪里，要及时举报，我们好去捉拿他。"

此时，耶稣带着众门徒正在前往耶路撒冷的路上。他们经过耶利哥的时候，遇见了当地人撒该。

撒该是个财主，被罗马政府委任为当地的税吏长，负责税银的征收。撒该贪横暴敛，往往在规定之外加重税收，人们十分痛恨他。

撒该内心里面信奉上帝，他得知耶稣必定要从这里经过，一心想见上耶稣一面。站在路边等候耶稣的人很多，撒该个头小，挤不到前面，他灵机一动，爬上了路边的一棵树。耶稣一行人远远到来了，路边等候的人，有的心怀疑虑议论纷纷："他真是上帝的儿子吗？"虔诚信服的人则暗自祈祷。

耶稣走近了，他抬头看见了树上的税吏长，说道："撒该，你下来吧。"

围观的人听了十分惊讶：耶稣怎么知道他叫撒该呢？

撒该听见耶稣叫他，心里更是惊慌：他如何知道我的名字，难道我恶名远扬触怒了神灵，今天要接受惩罚吗？撒该从树上下来，小心翼翼走到耶稣面前，虔诚地匍匐在地："罪人撒该，接受我主的惩罚！"

"今晚我要住在你家。"耶稣说道。撒该听闻，欢天喜地，将耶稣一行领到了家里。

围观的人疑惑不解："这个被称为救世主的耶稣，怎么能和这个狠心贪婪的人亲近，到他家过夜呢！"耶稣的门徒也感到奇怪。

到了撒该家里，撒该匍匐在耶稣脚下："全能的主呀，我以前有罪，现在决定彻底悔改。我要将我所有的家产的一半，拿出来散发给穷人；我要是欺凌过谁、讹诈过谁，我将四倍偿还与他。”

基督与撒该

“今天我之所以到你家住宿，是为了救赎你。基督降临世间，就是寻找、拯救那些迷途的人。”耶稣说道。

第二天，撒该在耶利哥的繁华之处，搭起了赈济贫民的棚子。“贪心狠心的税吏撒该，在耶稣的教诲下改过自新了！”人们议论纷纷。

罗马政府对所统治的国家，征收很重的税赋，用以维持庞大的帝国开支。在犹太，人们对重税十分反感，所以，税吏成了人们最为痛恨的人。犹太人将那些做税吏的同胞，当作卖国贼看待。

撒该是当地的一个税吏，他曾经忠心效劳罗马帝国，而且假借税收养肥自己的腰包。尽管如此，耶稣依然爱他，没有抛弃他。不过，税吏撒该也表现出了他的信心：诚心看望主、认真接待主、虔诚悔改。

这件事情给我们的普遍启示是：我们不要远离那些犯错的人，要给他们机会，给他们温暖。

铺满棕枝的圣城街道

棕枝主日：又称圣枝主日、主进圣城节和棕榈主日。耶稣受难前，骑驴进入耶路撒冷，民众手持棕榈枝夹道欢迎。教会将复活节前一周的星期日，定为棕枝主日，以表纪念。节日当天，教堂用棕枝装饰，也有教徒手拿棕榈枝，环绕教堂一周。

第二天一早，耶稣带着众门徒从撒该家里出来，继续前往耶路撒冷。这天距离逾越节还有五天，也是他最后一天进入耶路撒冷的日子。

行至半路的时候，耶稣对众门徒说道："看哪，我们上耶路撒冷去，人子要被交给祭司长，他们要定他死罪，还要交给外邦人，将他戏弄、鞭打、钉在十字架上，第三日他会复活。"

西庇太儿子的母亲同她两个儿子雅各和约翰，正巧也在耶稣身边，她上前来拜耶稣，求他一件事："愿你叫我这两个儿子在你的天国里，一个坐在你右边，一个坐在你左边。"

耶稣回答说："我将面对的苦难，你们也能面对、也能承受吗？"

他们说："我们能承受。"

耶稣说："那么，我所经历的苦难，你们必要经历和忍受。但是到了天国，你们是坐在我的左边还是右边，那不是我所能决定的，这要看天父的安排。我父为谁预备的，就赐给谁。"

那十个门徒听见，认为雅各和约翰两人争取高位，心中大为不满。

耶稣教训他们："你们不要因此而生气。在天国里面，地位最高的是仆人。权柄不是用来炫耀地位和尊荣的，而是服侍上帝和万民的。"

耶稣一行到了耶路撒冷附近的橄榄山，耶稣对两个门徒说道："你们到对面的村子里，看见一头驴和驴驹拴在那里。有人问起你们，你们就说：'我的主要使用它们。他们必定不会为难你们。'"

耶稣骑着驴子，进入耶路撒冷。耶路撒冷的犹太人知道耶稣进城，好多人站立在街道两旁欢呼迎接。虔诚的信徒们将自己的衣服放在路面上，然后将砍下来的棕榈树枝铺满了街道。一刹那，棕榈树的清香飘满了整个耶路撒冷。人们高声呼喊着："和散那（注："和散那"原有"求救"的意思，在此乃称颂的话）归于大卫的子孙！奉主名来的，是应当称颂的！高高在上和散那！"

耶稣进入耶路撒冷

欢呼声惊动了整个耶路撒冷，人们相互询问："这个人是谁？"知情的人说道："这是先知耶稣。"

人们听闻赞叹地说道："奉上帝的命令降临的王是应当称颂的，在天上有和平，在至高之处有荣光。"

就这样，耶稣带着门徒，骑着驴，踏着棕榈树枝，在百姓们的欢呼声中，走进了耶路撒冷，来到了圣殿。

随后的几天里，法利赛人和祭司长企图杀害耶稣，但忌惮群众对耶稣的崇拜和热情，一直没敢下手。法利赛人感慨万千："你们看，这么多人都跟随他了！"

耶稣进入圣殿，看到圣殿的景象还和自己三年之前来过的一样，到处是牛羊交易，小商小贩呼喝叫卖。耶稣清洁了圣殿，每天在里面传经布道，一直到逾越节前被抓的晚上。

橄榄山位于耶路撒冷一公里处，是耶稣升天的地方。

雅各和约翰的母亲在耶稣面前为他们祈求天国的位置，耶稣告诉他们要经受苦难。后来，雅各为信仰而殉道，约翰也被放逐到了拔摩岛受苦。

耶稣当着众门徒的面，再次预言自己要死后复活。但是门徒热衷于天国位置的安排，对耶稣的预言极不理解，也不放在心上。他们见雅各和约翰的母亲给儿子争天国的位置，于是起了嫉妒之心。

耶稣骑驴驹进入耶路撒冷，一是表明了弥赛亚的谦卑和尊贵，另一方面也是为了应验先知的预言。早在五百多年前先知就预言救世主要骑驴进入圣城。这更加证明耶稣就是弥赛亚，耶稣来到世上，使预言应验。

耶路撒冷的人们欢迎耶稣，是因为耶稣的很多神迹，他们希望耶稣带领他们抵抗罗马人，恢复国家以前的强大。但是，当他们发觉耶稣并不能达到他们的愿望时，他们就开始反对他、攻击他，袖手旁观看着他被钉死在十字架上。

小贴士

胡振中(1925—2002)，生于广东省五华县河口乡，生前为罗马天主教枢机，天主教香港教区主教。1952 年在九龙东头村难民中心工作，1956 年至 1957 年先后到美国纽约、波士顿及芝加哥三个总主教区秘书处实习后，随即赴台湾新竹教区苗栗县担任工作。1988 年 5 月 29 日获教皇约翰·保罗二世宣布任命为枢机，并于同年 6 月 29 日正式就任，是香港首位红衣主教。

最后的晚餐

灵魂与永生(immortality),基督教义之一。人有灵魂,依生前行为,死后受审判,生前信仰基督者,得靠基督进入永生。怙恶不悛者,将受公义的刑罚与灭亡。世界终有毁灭的末日,但在上帝所造的新天新地中,却是永生长存。

一心想将耶稣置于死地的法利赛人和祭司长,在逾越节前秘密制订了抓捕耶稣的计划,但是害怕士兵们在抓捕耶稣的时候认错人,让耶稣逃掉。于是,他们买通了贪财的犹大,犹大从祭司长那里得到了三十块银钱。犹大说:"逾越节前一天,十二位门徒要和耶稣一起共进晚餐;晚餐后,耶稣必定到客西马尼园祷告。到时候,那个和我接吻的人就是耶稣,你们直接抓捕就是了。"

逾越节前一天到了,晚上门徒们预备好了晚餐,和耶稣一同进食。耶稣拿起饼来,祝福之后掰开分给每一个人,说道:"你们吃吧,这是我的身体。"然后又拿起盛满葡萄酒的杯子,祝福之后递给每个人喝下,说道:"这是我立约的血,为很多人流的血。"

耶稣也知道自己离世归父的时间到了。他起身离座,拿了一条毛巾,将水倒在

最后的晚餐

盆子里，为十二位门徒认真洗了一遍脚。彼得感到十分奇怪，问道："您为什么给我们洗脚呢？"

耶稣说道："我所做的，你们今后必定明白。凡洗过脚的人，全身都干净了。你们是干净的，然而不都是干净的。"

耶稣最后一句话暗指出卖他的犹大。耶稣为门徒洗完脚，重新回到宴席上去，满腹忧愁地说道："你们当中的一个人就要出卖我了！"

门徒听罢，大吃一惊，面面相觑，互相询问：这个人是谁呢？只有犹大心知肚明，默不作声。犹大的异常表现引起了人们的注意，人们将目光都投向了他那里。犹大低头吃饭，装作若无其事的样子。

耶稣最喜爱的门徒约翰在耶稣身旁，问道："主啊，这个出卖您的人是谁呢？"

耶稣低声对约翰说道："我给谁饼，就是谁。"

说罢，耶稣将饼递给犹大，犹大吃了饼后，魔鬼进入了他的心里面，他变得恶毒异常。耶稣对犹大说道："快点做你要做的事情吧！"于是，犹大就走出去了。在场的门徒除了约翰，谁也不知道是怎么回事。他们还以为犹大拿着钱袋，出去买明天过节用的东西，或者是周济穷人去了。

犹大出去后，耶稣对十一名门徒说道："我和你们在一起的时间不多了，我将要离开你们，去一个你们永远也找不到的地方。我给你们一条新命令，要牢牢记住：我怎样爱你们，你们也要怎样相爱。"

就这样，耶稣最后的晚餐结束了。他们走进安静的夜色，一直走到客西马尼园，耶稣开始虔诚地祷告。这时候犹大带着一批人走了进来，他们手拿灯笼和刀剑绳索。犹大走到耶稣面前，和他亲嘴。士兵们一拥而上，将耶稣拿住。耶稣的一个门徒抽出刀子，朝着大祭司的仆人砍去，砍掉了他一只耳朵。耶稣说道："把刀收起来。谁要动刀，必定死于刀下！"挥了一下手，伤者的耳朵痊愈了。转身对捉拿他的人说："我坐在圣殿教训人的时候，你们不去捉拿我；现在你们拿着刀枪来捉拿我，真是黑暗掌权了！"

这时候门徒都已经逃走了，士兵们押着耶稣，走出了园子。

《圣经》专家认为，最后的晚餐这个故事蕴含着丰富的内容：

第一，犹大为什么要出卖耶稣？

对于这一点，《圣经》故事中没有交代。但研究者认为，犹大和其他门徒一样，希望耶稣是一个强硬的政治领袖，发动一次革命推翻罗马政权；在革命成功之后，能在新政府中占有重要地位。当他无法得到金钱和地位的满足时，便出卖了耶稣。《马太福音》中记载犹大出卖耶稣所得到三十块银钱，这在当时可以购买到一个强壮的奴隶。

犹大之吻

第二，耶稣为什么给门徒洗脚？

耶稣将自己当作最卑微的仆人，对门徒以身作则奉献关爱之心。根据当时的风俗，如果客人来访，仆人要给客人洗脚。耶稣知道自己即将离世，给门徒洗脚，也是对门徒最后的侍奉和爱。

第三，耶稣流血和《新约》的关系。

耶稣举着葡萄酒说道："这是我立约的血。"在《旧约》时代，人们靠祭司和燔祭才能赎罪靠近上帝；而《新约》时代，耶稣就是一个赎罪的祭牲，是一只羔羊。这只羔羊不是献在祭坛上，而是被钉在十字架上。耶稣之死，就是一次无罪的祭牲，可以一次性赦免人类的罪恶。

所有的门徒都曾经发过誓言，不会背弃耶稣，愿意为他而死。可是士兵一来，他们全部逃走了。门徒的信心没有经得起考验。一个人的信心，只有经过大危难，才能显现出来；此外，捉拿耶稣的人，不是罗马士兵，而是宗教领袖。犹大完全可以带领宗教领袖，在耶稣独处的时候将他捉拿。之所以公开捉拿耶稣，是因为犹大答应在审判中做一个公开的控告者。

小贴士

单国玺，耶稣会会士，为天主教高雄教区退休主教。单国玺枢机于1923年12月2日在河南省濮阳县出生，年轻时加入耶稣会，1955年在菲律宾碧瑶晋铎，1980年任天主教花莲教区主教，于1991年6月任天主教高雄教区主教，随后在1998年获教皇约翰·保罗二世擢升为枢机，成为台湾地区第一位枢机。

圣徒的谎言：彼得三次逆主

苦路十四处，是天主教为缅怀耶稣遭受的苦难而设置的崇拜路线，沿途设有反映耶稣受难全过程的十四处景点，每处景点设立一个十字架，或者按照顺序配有图画。

众人将耶稣捆绑，连夜押到大祭司该亚法的住处。他们急于将耶稣审判定罪，在安息日之前处死。从捉拿耶稣到安息日，已经不足一天一夜了。宗教领袖们连夜聚集在该亚法家里，等待耶稣的到来。

祭司长和全公会找了很多假证人来控告耶稣，企图定他死罪。但是这些假证人手里面都没有耶稣犯罪的确切证据，说来说去都说不到点子上，耶稣面对这些莫须有的指控一言不发。

有人指控耶稣："他曾经夸口拆毁上帝的圣殿，三天之内建起来，这不是亵渎圣殿吗？"

耶稣一言不发，大祭司心急如焚。他站了起来问道："你怎么一句话都不说呢？难道这人对你的控告，你都默认了吗？"

耶稣还是不言不语。大祭司急躁万分："我对着全能的上帝让你发誓告诉我们，你是不是上帝的儿子基督？"

耶稣知道，只要他宣称自己是弥赛亚，自己即刻就会大难临头。面对大祭司咄咄逼人的诘问，耶稣丝毫没有恐慌，他平静、果断地回答："我就是上帝的儿子，基督耶稣。你们很快就会看见，我即将坐在上帝的旁边升天而去！"

大祭司听了耶稣的话，撕开衣服，做出悲痛的样子呼喝："他说了这样亵渎上帝的话，我们何必再去找其他的见证人呢？这样僭妄的话（僭妄：在旧社会冒用上级的地位和名义，被认为超越本分），你们都听见了吧，你们说怎么办？"

旁观的人高声呼喊："他犯了死罪，应该判处死刑！"对耶稣心怀愤恨的法利赛人，向耶稣脸上吐口水。有人用脚踢打耶稣，侮辱、挑衅地问道："你是先知，是全能的救世主。那么请你说说，是谁在打你呢？"

众人捉拿耶稣的时候，圣徒彼得躲藏在暗处。看着众人押解耶稣远去，彼得暗中在后面跟随，混在差役中进了大祭司的院子，在外面等候，探听耶稣受审的消息。看门的使女见彼得眼生，问道："你和那个被押的人是一伙儿的吗？"彼得道：

彼得的否认

“不是。”

夜间天气很冷，仆人和差役在院子里面生起了一堆火，彼得混在里面烤火取暖。旁边的一个差役问彼得：“你不是和耶稣一伙儿的吗？”彼得发誓说：“绝对不是！”

这时候，那个耳朵被砍伤的人出来了，认出了彼得，惊讶地说：“你不是刚才和耶稣在一起的门徒吗？”彼得发咒起誓：“我不认识那个人！”这时候天色大亮，公鸡啼叫了。彼得想起耶稣此前对他的预言：“鸡叫之前，你会三次不认识我。”想起了耶稣的这句话，彼得走出院子，哭了起来。

耶稣曾经预言彼得在天亮之前三次不认主，彼得对此不认同，信誓旦旦地说道：“我就是必须和您同死，也不能不认您！”耶稣知道彼得个性有缺陷，是一个情绪不稳的人，所以曾经对他说：“你要成为矶法。”希望他能把自己锻炼成石头一样稳定的性格。可是彼得在危难面前，背叛了自己的信仰，三次不认主。回想起耶稣的预言，彼得不由得留下了悔恨的泪水。

彼拉多的审判

拯救，基督教教义之一，上帝的独生子化身成人，以其在十字架受死替世人赎罪，克服人离弃上帝的罪过，使人与上帝重新修和。

天色蒙蒙亮的时候，耶稣在众人的押解下，来到总督府。祭司长和长老们怕沾染了污秽，不能吃逾越节的宴席，所以没有进门，他们让士兵进去禀报。

听到禀告，刚刚起床的总督彼拉多准备开庭审案。妻子问："这么早怎么会有案子，你要干什么呢？"

"祭司和长老们昨夜拿了耶稣，要控告他死罪。"彼拉多说。

妻子听罢，面色惊慌地说道："夜里上帝的儿子耶稣出现在我梦里了，我感到十分痛苦。耶稣是个义人，今天你万万不可难为他。"

彼拉多走出来，看见被捆绑的耶稣，他对押解耶稣来的人说道："这个人犯了什么罪，为什么要控告他？"

"这个人要是没有犯罪，我们就不会把他交给你了。"他们说。

"你们可以带他走，按照你们自己的法律惩处。"

"这个人蛊惑民众作乱，抵制纳税，自称君王、基督。"面对他们的指控，耶稣一句话也不辩解。彼拉多感到奇怪："你是犹太人的王吗？"

耶稣说道："我是王，但不属于这个世界，我是天国降临的圣子，是基督。"

彼拉多对祭司长和长老们说道："我查不出这个人的罪恶，要不要释放他？"在逾越节有个规矩，可以按照民意释放一个囚徒。围观的犹太人，大多受到了祭司长和长老们的蛊惑，他们高喊："不能释放耶稣，我们要求释放巴拉巴！"

长老们极力夸大歪曲耶稣的罪行，对彼拉多说道："他借传道为名，四处煽动蛊惑百姓，企图谋反叛乱。他从加利利一直传道到了这里。"

彼拉多问："他是加利利人吗？既然如此，应该交给加利利王希律管辖。"当时希律王正好在耶路撒冷，彼拉多让人们押着耶稣去找希律王。希律王很早就听闻了耶稣的声名，让耶稣显露神迹，但耶稣一言不发。恼羞成怒的希律王让士兵们戏弄他、侮辱他，让他穿着华丽的衣服，又将他送到了彼拉多这里。

彼拉多对祭司长和围观的人说道："你们控告他诱惑百姓，我审问过了，并没有查出他犯了什么罪；希律王也是如此，所以把他送回来，可见他没有做什么该死的

祭司审问耶稣

事。因此，我要把他释放。”

围观的人高声呼喊：“不能释放他，要把他钉死在十字架上！”

彼拉多想起了妻子的梦，再次要求释放耶稣，但民众坚决不同意。彼拉多害怕人们借机暴乱，无奈之下让手下端来一盆水，在众人面前洗了手，说道：“你们坚持要杀死他，罪责不在我。一切后果你们承担吧。”

于是，彼拉多释放了巴拉巴，让人鞭打耶稣，交给了钉十字架的人。

彼拉多的良知告诉他，耶稣是无辜的；他妻子的梦也警示他，不可冤枉义人；而且他也的确没有找出耶稣所犯的罪恶。但是在犹太人的要挟下，他只好屈从。洗手只是他自我安慰的举动，并不能推卸他的责任。

耶稣面临被指控之所以沉默，是因为即便他为自己辩护也没用。最重要的是自己拯救万民的时刻来临了，他想顺服上帝的安排，不想拖延时间或者祈求脱险。

人们强烈要求释放的囚犯巴拉巴，他曾经领导人们对抗罗马政府，被犹太人视为英雄。巴拉巴的意思是“父亲的儿子”，这正是耶稣与上帝的关系。

耶稣之死：十字架上的赎罪羔羊

救赎是基督教基本教义之一。人生的希望在于信奉耶稣基督为主，因他在十字架上的赎罪，并在三日后从死里复活，使悔改、相信他的人一切的罪皆得赦免，并能得到永生。

宣判完后，彼拉多令士兵将耶稣的外衣脱掉，绑在柱子上，用带钩子的皮鞭抽打他，一鞭下去，钩子将身上的肉撕裂，马上血肉模糊。彼拉多想通过鞭打，使长老和祭司长得到满足，寻求机会放过耶稣。

鞭打之后，士兵们给耶稣穿上紫袍，将荆棘编制的冠冕让耶稣带上，荆棘的尖刺扎进耶稣的头皮，耶稣感到痛楚，鲜血顺着发际流到脸部。士兵们和围观的犹太人侮辱耶稣："恭喜你呀，犹太的国王。"人们用芦苇抽打耶稣的脑袋，用口水吐他。彼拉多指着耶稣对众人说："你们看这个人，我没查出他到底犯了什么罪过！"

人们看出彼拉多想释放耶稣，大声喊道："钉死他，钉死他！你如果不钉死他，你就不是该撒(凯撒)的忠臣！他自称为王，已经背叛该撒了！"

彼拉多不敢得罪众人，只好押着耶稣来到圣殿西北角的安东尼堡。此时正好是逾越节的中午时分，彼拉多再次问道："你看，这是你们的王。我们可以将他钉死在十字架上吗？"

祭司长和围观的长老们、犹太人狂热欢呼："钉死他，钉死他！我们除了该撒，没有王！"

耶稣出了城门，士兵们随手抓住一个叫西门的人，让他背负耶稣的十字架，来到一个名叫骷髅地的所在。好多百姓跟着耶稣，期间得到过耶稣帮助的人，高声哀哭。耶稣劝慰他们："你们不要为我而哭泣了，还是为自己哭泣吧。"耶稣已经预言，在四十年后，耶路撒冷和圣殿要被罗马人毁灭！

到了骷髅地，士兵让耶稣服用没药调制过的酒，这样可以减轻痛苦。耶稣说道："我不喝这酒，我要在清醒的时候接受钉死的痛苦，为百姓赎罪！"

行刑的士兵们，用锤子将尖利的钉子一下又一下地钉在耶稣的手脚上，鲜血顺着十字架滴落下来。耶稣忍着痛楚给那些行刑的士兵祷告："上帝呀，饶恕他们吧，

钉在十字架上的基督

他们并不晓得他们的所作所为!”

围观的人讽刺耶稣:“你们看呀,这个人就是拆毁圣殿,三天之内又建起来的人!他有能力救自己的,他一会儿就从十字架上下来了。”

祭司长和士兵们也幸灾乐祸地说:“他能救别人,也能救自己。他是以色列的基督,现在就从十字架上走下来吧,我们就信服你了!”

和耶稣一同被钉在十字架上的有两个犯人,其中一个犯人也讥讽耶稣:“你不是基督吗,你怎么不将你和我们一同救走呢!”另一个犯人说:“都是一样受刑的,你又何必如此呢,你不怕上帝的惩罚吗?耶稣呀,你到天国的时候,要记得我们呀!”

耶稣说道:“我实话告诉你们吧,今天你们就要和我一同升上天国了!”

耶稣的母亲马利亚和圣徒约翰,在人群中看到耶稣这样受苦,悲痛欲绝。耶稣对母亲说:“母亲,看您的儿子。”又对约翰说:“兄弟,母亲今后就交给你赡养了!”

这时候,耶稣感到口渴。耶稣身边有一个罐子装满了醋(一种廉价的酒,是罗马士兵在等候被钉犯人死亡时喝的),有人将醋用海绒沾了沾,绑在牛膝草上,送到耶稣口中。耶稣品尝了醋,大叫一声就死去了。

从正午到耶稣断气,天地变得一片黑暗,长达三个小时。耶稣断气后,圣殿的幔子裂为两半,大地震动,磐石开裂。守卫在耶稣身边的百夫长和士兵们见状,惊慌地跪伏在地喊道:“他真是上帝的儿子!”

钉十字架是罗马人设立的一种残酷刑法。罪犯要按照既定路线,沿着大道自己背负沉重的十字架到刑场。十字架处死的方式分为两种:一种是用钉子将人的手脚钉在上面,另一种是用绳子捆绑。整个死亡过程十分缓慢,受刑者的身体重量会令他们呼吸困难,在他们饱受苦楚之后死亡,所以这种刑法极其恐怖。周五日落到周六日落,是犹太人的安息日,耶稣受刑的时候是周五日落之前。为了加速受刑者的死亡,罗马士兵将受刑者的腿打断,这样受刑者没有了腿部力量的支撑,受刑者立刻会窒息而死。

耶稣被钉在十字架上,表示这个代替世人赎罪的羔羊,已经完成了他在凡间的神圣使命。

基督复活升天

耶稣基督复活的那天，西方的基督教国家将其确立为“复活节”。复活节没有固定日期，每年春分月圆后的第一个星期天是复活节。假如月圆的那天恰好是星期天，复活节则会推迟一周。根据这样推算，复活节可能在3月22日至4月25日之间的任何一天。复活节是基督教的伟大节日。基督死亡，是为世人赎罪；基督复活，是为了让信徒永生。

耶稣被钉死的当天晚上，来自亚利马太城的大财主约瑟求见彼拉多，请求彼拉多让他埋葬耶稣的尸体。得到了彼拉多的同意后，约瑟将耶稣的尸体从十字架上取了下来，放到马车上，带到自己新凿的坟墓里面。用净水将耶稣的尸身擦拭干净，裹上干净的细麻布，然后用大石头封住墓穴口。从加利利来的几位妇女守护着耶稣的尸身，她们尾随约瑟，看到耶稣被安葬后就回去了，准备安息日一过，就用香膏和香料涂抹耶稣的身体。

第二天，祭司长和法利赛人找到了彼拉多说道：“我们记得耶稣生前的时候说过：‘我死三日后一定复活。’我们害怕门徒玩鬼把戏，到了第三天将他的尸体偷走，谎称耶稣复活。要是这样，崇拜他的人或许就更多了。因此我们建议派人看守耶稣坟墓。”得到彼拉多的同意后，他们就带着兵丁来到耶稣墓，用大石头重新封住了墓穴口，墓穴口加上封条，用石灰堵住，然后派人在那里看守。

安息日一过，也就是耶稣被钉死的第三天，一大早，抹大拉的马利亚和雅各的母亲马利亚带着香料和香膏来到耶稣墓前。突然大地震动，天使从天而降，形貌如闪电，衣服洁白如雪。他们将墓穴的石头滚开，坐在上面。看守墓穴的兵丁们吓得浑身颤抖，面色惨白如同死人。

天使对妇女们说：“你们不要害怕，我知道你们前来寻找钉在十字架上的我主耶稣。他已经不在这里了，按照之前的预言，已经复活了。请你们去告诉门徒，让他们前往加利利，在那里可以看到我主。”

妇女们离开坟墓，心里既惶恐又是欢喜，她们急急行走，要给门徒报信，半路上遇见了复活的耶稣，耶稣说道：“愿你们平安。”妇女们匍匐在地，抱住他的脚。耶稣对她们说：“你们不要害怕，快去告诉我的兄弟们，在加利利可以见到我。”

妇女们回去，将耶稣复活的消息告诉了门徒。彼得不信，赶往耶稣墓中去看，只见包裹耶稣尸体的麻布完好，里面的尸体不见了，这才相信，耶稣基督真的复活了。

基督升天

看守坟墓的士兵们看到天使，慌忙跑回城去，将天使现身和耶稣复活的事情告诉了祭司长。祭司长和长老们一起商议对策。他们给了士兵们一些银钱，叮嘱他们道："有人问起你们来，你们就说夜晚睡觉的时候，耶稣的门徒将尸体偷走了。如果这件事情被总督知道了，有我们在，保证你们不受牵连。"士兵们拿了钱，就按照长老们的话，四处制造舆论。至今，犹太人中间还流传着这样的话。

彼得查看完坟墓后，相信耶稣真的复活了。他和十一位门徒前往加利利，到了耶稣约定的山上，他们见到了耶稣。

耶稣走近他们说："天上地下所有的权力都赐给我了，所以，你们要去各地传经布道。万民信奉我，做我的门徒，我会奉父、子、圣灵的名给他们施洗。只要他们遵从我的吩咐，我就常与你们同在，直到世界末日。"

耶稣基督复活四十天后，在距离耶路撒冷一公里远的橄榄山上，再次召见了门徒。门徒亲眼看着耶稣被一朵绚烂的云彩托着，一点点飞升到天上去了，众门徒仰望天际，依依不舍。

耶稣的复活是基督信仰的关键：
第一，奠定了信徒们的信仰基础，既然能死而复生，那么其他应许也能实现；
第二，耶稣复活表明基督是神永恒国度的统治者，他不是假先知或骗子；
第三，耶稣复活表明死并不是人唯一的结局，世人将来还有生命；
第四，复活是教会对全世界做见证的基础。

犹大之死

《新约全书》记载，耶稣被罗马统治者钉死在耶路撒冷的十字架上，教会称这一天在犹太教安息日的前一天，规定复活节前的星期五为受难节。

犹大眼看着耶稣被判处死刑，追悔莫及。他痛哭流涕找到祭司长和长老说道：“我把那三十块银钱还给你们吧，我出卖我主耶稣，犯下了大罪恶！”

祭司长一反往日和犹大亲密的样子，他面色冰冷地说道：“这个和我们有什么关系，你自己承担吧！”

犹大将银钱扔在圣殿，跌跌撞撞跑了出去。在圣殿门口，犹大遇见了前几天来圣殿捐钱的寡妇。

这个寡妇是耶路撒冷的一个穷人，独自抚养好几个孩子。她对上帝虔诚、信服。那天，耶稣在圣殿的奉献箱旁边坐定，犹大站在耶稣旁边，看众人怎么捐款。有好多财主纷纷往奉献箱里面捐献，耶稣毫不动容。此时这个贫穷的寡妇往里面投了两个小钱。耶稣对犹大和众门徒说道：“我老实告诉你们吧，这个寡妇投到箱子里面的钱，比那些财主投的都多。那些财主放进去的都是他们的余钱，而这个寡妇放进去的可能是自己的养生钱。”

寡妇看到犹大，裂开衣服，悲痛万分：“耶路撒冷的妇孺老幼，都知道你得了祭司长的三十块银钱。那银钱里面，或许有我的血汗呢！你这个无耻贪婪的小人，竟然狠心残害你的主人！”

犹大看见寡妇，更加惭愧。贫穷的寡妇拿出自己的养生钱来奉献自己的信心和虔诚；而自己却从祭司长那里获取赏银，出卖自己的信心和虔诚。

犹大的背叛

这时候人们围拢过来，有人说道：“你那三十块银钱能买一个强壮的奴隶为你效劳了吧！”

“什么强壮的奴隶，三十块银钱是明面上的赏银，这个加略人，暗地里不知得了多少好处呢！”

有认识寡妇的人说道：“你看你多傻，将自己的养生钱都奉献了，到头来被犹大这样卖主的人挥霍！”

面对这么多人的指责，犹大昏昏沉沉。他走出人群，来到圣殿旁边的橄榄山下，解下裤腰带，系在半山腰的一棵橄榄树枝上，闭着眼睛祷告了一番，将脖子伸了进去，双腿一蹬，身体悬空。没想到橄榄枝断裂，犹大从半山腰摔了下去，尖利的石头和荆棘将犹大的肚子划开，肚腹崩裂，肠子流了一地。

话说祭司长捡起犹大扔下的银钱，感到为难："这银钱有血腥，不能放在银库里。"他们商议了一番，决定用这三十块银钱购买了砖窑主的一块田地，用来埋葬外乡人。犹大的尸体就葬在里面，那块田地被称为"血田"。

犹大一直是贪婪、无耻、背叛、谎言的代名词，可是在2006年，美国皇家地理学会声称，他们发现了一份遗失近1700年的《犹大福音》手稿，根据手稿内容，他们对《圣经》的研究有了最新进展。他们认为，犹大之所以出卖耶稣，是在耶稣的授意下进行的，目的是为了完成上帝的救赎计划。犹大既不贪婪也不无耻，而是耶稣最喜欢、最信任的门徒，为了耶稣，不惜牺牲自己的名声。

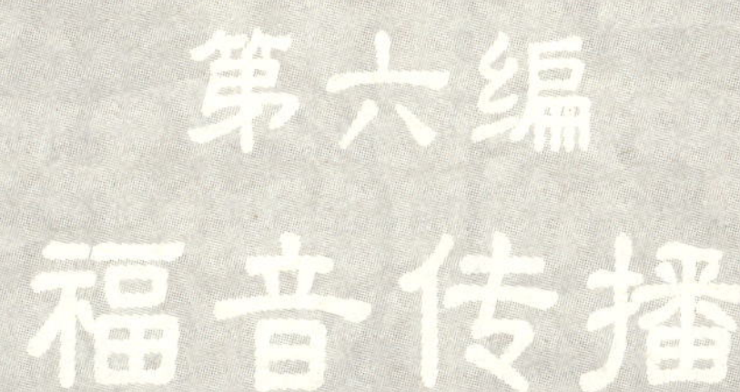

第六编

福音传播

降临在五旬节的圣灵

五旬节在逾越节后五十天，又名七七节，是为了庆祝农作物丰收而献上感谢的节日，也是每年三大节日之一。耶稣在逾越节被钉上十字架，并在四十天后升天，圣灵在耶稣复活后五十天降临。

耶稣复活四十天后，在橄榄山上和众门徒会面，嘱咐他们说："不要离开耶路撒冷，要等候天父所应许的，也就是我以前说过的话：'约翰是用水给你们施洗，过几天后，你们就要接受圣灵的洗礼了。'"

门徒问："我们全能的主啊，到我们接受圣灵洗礼的日子，就是你复兴以色列国的日期吗？"

耶稣对他们说："天父有自己的计划，这就不是你们所知道的了。圣灵降临到你们身上的时候，你们会具备很大的能力做我的见证，然后给人传道，要从耶路撒冷一直到犹太全地、撒玛利亚，直至天涯海角，做我的见证人。告诉世人，我降生，我死亡，我复活，我是救世主，让人们信服我，归顺我。这是门徒的责任。"

耶稣说完后就升天了。十一位门徒从橄榄山来到耶路撒冷他们的住所，一边等候圣灵的降临，一边祈祷。

这一天信徒大聚会，一共有一百二十人。彼得站起来说道："加略人犹大因出卖我主耶稣，已经自尽身亡了。他本来在我们使徒的行列，现在他死了，需要填补一名使徒代替犹大的职位，保持十二使徒的数目。诗篇中早就预言：'愿他的年日短少，愿别人得他的职分。'"

众人商议后，确定了推选使徒的资格：第一，施洗约翰出来施洗至耶稣复活这段时期，常跟随在耶稣左右的人；第二，见过复活的耶稣的人。

根据这两个标准，他们确定了巴撒巴和马提亚两人，通过抽签选出马提亚和十一名使徒同列。

五旬节到了，门徒聚集在一起。这时候天上一阵惊雷般的大响声，随后，一种鼓荡的、灵动的东西充满了屋子；与此同时，他们的头上闪烁着舌头似的火焰，使徒们全身被圣灵充满，按照圣灵的指派，用各个国家的语言开始传道。

那时候，有虔诚的犹太人从各地赶来，住在耶路撒冷。他们听见了响声，纷纷聚集而来想看个究竟。这些人中有帕提亚人、玛代人、以拦人；住在美索不达米亚、犹太、加帕多家、本都、亚西亚、弗吕家、旁非利亚、埃及的人；靠近古利奈的利比亚一带地方的人，从罗马来的客旅中或是犹太人，或是信犹太教的人。

这些旅居在外地的犹太侨胞，大都说流行的希腊语，也有少数人说当地的方言；而出身于加利利的十二位使徒，平时只会说当地的土语亚兰语。这些人语言各有不同，但是门徒的话，他们都能听得懂。这种奇异的景象，让在场的人感到万分惊奇。他们惊讶地互相询问："你们看，这些传道的人不是加利利人吗，他们怎么能说我们的话呢？"

基督的引导

有人说："这是上帝在显灵。"

也有人讥诮地说道："我看他们是醉酒胡说罢了。"

彼得听了讥诮的话，站起来说到："大家知道我们犹太人是严守时节的，从早到中午是不吃不喝的，现在是九点，我们怎么可能喝酒呢？"

之后，彼得动情地发表演讲，讲述了耶稣的生平、受害、受难、死亡和复活，然后呼吁人们信奉基督，赎去罪恶。在场的人听了无比动容，当下就有很多人接受了圣灵的洗礼。那一天，信奉上帝的门徒达到了三千人。

圣司提反：基督首位殉道者

公会：在耶稣和保罗时代犹太人领导者的政务会。在基督时代，公会是犹太人领导层、法利赛人和撒都该教派的主要委员会。它有七十一位成员，由当时选举出来的大祭司主持工作。在犹太人宗教律法问题上，罗马人承认公会的统治。

十二使徒的福音传播，吸引了越来越多的人顺服上帝，拜在耶稣门下，接受教化和洗礼。随着人数的增多，他们成立了教会，作为信徒们的组织机构。

最开始，信徒们处于一种自发的、散乱的状态。他们变卖了自己的房产家业，将钱交给教会，只留下自己所需要的一小部分。他们所有的物品都公用，聚集在一起吃饭，过着一种各取所需的集体共产生活。

这么多人在一起生活，需要筹划，需要管理。公用物品的分配，需要一个公平机构来实施，自发的状态不可能维持很长时间，尤其是在多民族聚集的社会。但是，十二使徒并没有这方面的思想准备和管理经验。

时隔不久，矛盾出现了。这一天，彼得在教会午休，希利尼语的犹太人一起来找彼得，说教会的膳食供应没有条理也不公平。那些行动慢、体质弱的寡妇，吃饭的时候往往挨饿。

彼得听了，觉得这是个大事情，如果不及早处理，会影响教民的情绪。于是，他召集十二使徒召开教会会议，商议解决办法。他们决定从教众中挑选几个人来担当膳食的管理分派工作，适合担当此项工作的条件是：

第一，勇于承担管理责任（这是责任心的基础）；

第二，名声好，道德威望高（这是公平的基础）；

第三，被圣灵充满、富有智慧（这是信心和能力的基础）。

通过选举，选出了七名符合上述条件的人作为教会的执事，管理日常事物，他们是：

司提反、选腓利、伯罗哥罗、尼迦挪、提门、巴米拿、尼哥拉。

教会有了初步的管理体制，克服了种种弊端，信徒们更加虔诚祈祷、传教，教会影响越来越大，很多祭司都开始信奉上帝了。

司提反在教众的威望一直很高，他具有大信心、大智慧，是一名虔诚的基督徒，被上帝所信赖。他行走各地，行了很多神迹，救治了很多垂危的病人。许多人在他的影响之下皈依上帝。因此，利百地拿会堂的几个人和古利奈、亚历山太、基利家、亚西亚各处会堂的几个人,都起来和司提反辩论,企图寻衅迫害司提反。但是司提反辩才卓越,而且还被圣灵所充满,这些人辩论不过他。他们收买了几个证人制造伪证,污蔑司提反"不住地糟践圣所和律法",声称"这拿撒勒人耶稣要毁坏此地,也要改变摩西所交给我们的规条"。

圣司提反

司提反在犹太教公会里面受审,他表情平静,浑身散发着天使的荣光。面对众人的污蔑,他知道自己必定要成为一名殉道徒。他神情自若,语言清晰地作了生命前的最后一次演讲:"众位在座的,以色列人千百年来为什么屡遭灾难,难道不是屡次拂逆上帝的旨意吗?上帝三番五次恩宠以色列人,将流着牛奶和蜜的迦南之地赏赐给以色列人,又制定了摩西法律。可是,以色列人认同上帝的恩宠、遵守摩西法律了吗?上帝遣派圣子耶稣前往世间作为人类的救世主,却被你们钉死在十字架上!有人控告我不遵守摩西法律,恰恰相反,违背摩西法律、犯下难以饶恕的罪行的人,正是这些高高在上的祭司和长老。你们必定会效仿你们的祖先,不,你们还要比你们的祖先以十倍的罪恶去违反摩西法律!"

司提反的演讲令在座的公会人员大为羞恼,他们通过决议,要将司提反处死。

在差役的推搡下,浑身遭捆绑的司提反被押解到荒郊野外,阴沉的云层透着一丝亮光,照射在司提反身上。狂怒的公会人员,鼓动人们用石头砸死司提反。一块又一块的石头,砸在他身上,他高声呼喊:"求主耶稣接收我的灵魂!"又跪下大声为那些扔石头砸他的人祈祷:"主啊,不要将这罪归于他们!"说完就死去了。

司提反是《圣经》记载的第一位殉道者,他在临终的呼喊和语气与耶稣在十字架上所说的话十分相似。在教会初期,信徒们都以承受耶稣所遭遇过的苦难为荣。在遭受审判之前,司提反就作好了殉道的思想准备,预备要像耶稣一样受苦。在临终前,他像耶稣一样,祈求上帝赦免杀害他的人。

打破陈规向外邦人传教

上帝是基督教信奉的至高无上、唯一的真神，是世间万物的创造者，超越于自然世界和人类社会。上帝不受时间、空间和社会环境的限制。上帝无所不能、无所不在、无所不知、无所不有，主宰自然和历史的发展，对人们的行为进行审判，奖励良善，惩治罪恶。

在约帕有一个女信徒叫大比大，她心地善良广行善事，在当地威望很高。一天她患病死了，好多人前来吊唁，悲痛万分。彼得正在附近传教，得知这个消息后，来到了大比大家。

人们知道彼得多行神迹，祈求彼得让大比大死而复生。彼得让人们都到屋外去，然后跪下祷告，转身对着死者说："大比大，起来！"大比大睁开眼，看到了彼得，就坐了起来。这件事情传遍了整个约帕，很多人更加信奉上帝了。

救活大比大后，彼得在约帕的一个名叫西门的皮硝匠家住了几天。

该撒利亚有一个人叫哥尼流，是意大利营的百夫长。哥尼流信奉、敬畏上帝，而且十分虔诚，每天祷告；他为人善良，经常周济穷人。因而，哥尼流在当地名声很好。

一天夜晚，上帝遣派使者来到哥尼流面前，呼喊他的名字："哥尼流。"哥尼流从梦中惊醒，惊慌地说道："我的主，您有什么吩咐吗？"天使说道："上帝领受了你的祷告，而且你的行善，上帝也看到了。现在上帝的圣徒彼得正在约帕的西门家里，你派人把他请来，他会给你洗礼，让你正式皈依我主。西门的家在海边。"

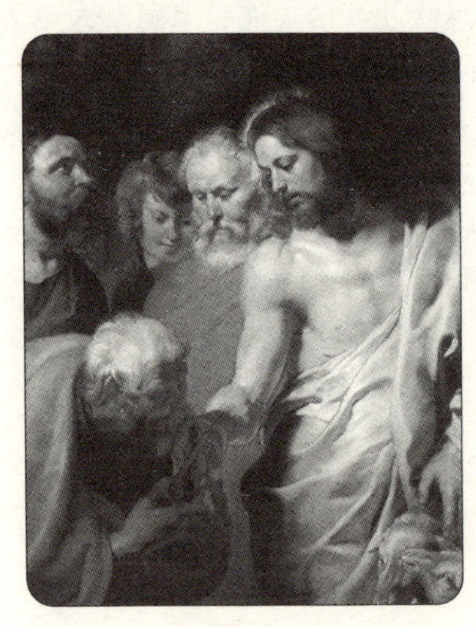

彼得接受天国的钥匙

天使说完离去了。第二天，哥尼流叫来两个家人和一个经常伺候他的士兵，让他们前往约帕。

这天中午，彼得在西门家的房顶上祷告，祷告完毕后要下去吃午餐，他忽然觉得身体轻飘飘的，灵魂好像飞了出去。这时候，他看见天上裂开了一个大口子，有一系着四个角的大块布，从半空中落在房顶上。彼得看到里面有地上各样走兽和昆虫，还有天上的飞鸟。这时，一个声音说道:“彼得,把这些禽鸟走兽杀了吃掉吧!”

彼得闻听,匍匐在地,说道:“主啊,这怎么可以呢! 这些禽鸟和走兽都是不洁净的,我从来没有吃过呀。”

那个声音第二次向他说:“这是上帝所说洁净的,你不可将它们当作一般的俗物。”

这样一连三次,布里面包裹的东西又飞升到天上去了。

彼得疑惑不解,弄不清所看见的异象是什么意思。哥尼流所差来的人已经访到了西门的家。这时候圣灵对彼得说:“有人来找你。你赶紧下去和他们一起走吧,不要疑惑和犹豫,这些人是我差遣来的。”

彼得下去见那些人,说:“我就是你们所找的人。你们找我有什么事呢?”

来人说道:“百夫长哥尼流敬畏上帝,信服上帝。他蒙一位圣天使指示,请你到他家里去,聆听你的教诲。”

第二天,彼得和其他几个使徒在来人的带领下来到了该撒利亚。哥尼流已经请了几个亲朋好友等候他们。哥尼流一看见彼得,上前迎接,俯伏在他脚前拜他。

彼得搀起哥尼流说:“你起来,我也是普通人。”然后一起进屋,给他们传播上帝的出生、受难、死亡、复活和升天。最后彼得说:“这些人既受了圣灵,与我们一样,谁能禁止用水给他们施洗呢?”

于是,彼得打破了陈规旧俗,给这些外邦人举行了洗礼。而在此之前,犹太人是不和外邦人来往的,更别说进行宗教方面的互融了。

早期的犹太人是不和外邦人有任何往来的,他们不和外邦人接触,不和他们在一张桌子上吃饭,不进入他们的房子,即便有和外邦人来往的意图和想法,也被认为是可耻的。犹太人认为,外邦人吃犹太法律所禁止的食品,他们在礼仪上是不洁的,和他们往来就会沾染不洁。正是这种“宗教偏见”妨碍了上帝福音的传播。

上帝给彼得降下异象,旨在告诉彼得不要轻视外邦人,福音是为世上万民而设的,不仅仅局限于犹太人。

小贴士

许地山(1893—1941),近代作家、学者,中国基督教学者。名赞堃,字地山,笔名落花生。祖籍广东揭阳,生于台湾台南。1916年加入闽南基督教新教伦敦会,著有《道教史》等。

彼得获救和希律王之死

教会是基督教的基本组织，是全体在世和去世的基督徒的总体。教会含义较广，既可指基督教各派的整个组织，如基督教会、天主教会、东正教会等；也可指某一国家、某一地区或者某一教堂全体基督徒的组织，如英国教会、安提阿教会，以及某某教堂的教会等等。

司提反殉道后，许多信徒到安提阿避难。在那里，外邦基督信徒建立了第一个以外邦人为主的教会。从那时起，信徒被初次称为基督徒。

希律王亚基帕一世（公元前4年—公元41年统治犹太）迫害基督信徒，杀死了使徒约翰的哥哥雅各。

除酵节的前几天，亚基帕一世从该撒利亚的官邸赶到耶路撒冷准备过节。希律王知道彼得在内的好多教众都在耶路撒冷，于是派人大肆搜捕，将彼得捉住投进大牢。教会为了营救彼得，除了四处奔走外，每天为他祷告。

希律王派出四班兵丁在监牢看守，每班四个人，只等逾越节一过，就将彼得交给犹太人处置。在逾越节的前一夜，希律王害怕教众来救彼得，加强了看守，命人将彼得用铁链锁定，让他睡在两个兵丁当中，门外另派两个兵丁看守。

半夜时分，牢里牢外的兵丁都沉沉入睡了。天使从天而降，来到彼得身旁。天使身上散发的荣光让大牢里面充满了荣耀。天使伸手将彼得拍醒，轻声说："快点起来，随我走。"彼得坐起身，身上铁链随之脱落。

天使让彼得穿上鞋子，披上外衣跟他走出牢房。彼得顺从天使的话，跟着天使走出牢房。他不知道这个天使是真的，还是自己看到了异象。

彼得随着天使过了第一层监牢，来到第二层监牢面前，监牢门自动打开。他们来到临街的铁门，那扇门也自动开了。他们出来，走过一条街，天使便离开他了。彼得这才醒悟过来：原来是上帝遣派使者前来救我，让我逃脱希律王的毒手！

彼得走进一位教众家里，好多人正聚集在一起为彼得祈祷。教众看到彼得大吃一惊："你是彼得的天使吗？"原来，犹太人相信上帝的每一个子民都有天使在守候，天使和被守候者的面貌一样。彼得说道："我不是天使，我是彼得。"于是，他给众人讲述了逃狱的经过。稍微休息了一会儿，彼得说道："天亮之前，希律王恐怕要全城搜捕，我不宜久留。"说完，彼得就往别处躲藏了。

天还未亮的时候，看守彼得的兵丁换岗，发现彼得不见了，惊慌万分，连夜禀告希律王。希律王大怒，杀了看守牢狱的兵丁，然后命人全城搜捕。折腾到天亮，一无所获。

逾越节过后，希律王离开耶路撒冷返回了该撒利亚。几天后，有人禀报说，因为推罗、西顿的土地贫瘠，粮食产量少，那里的人民请求希律王放粮救灾，希律王听后很恼火。两地的人们在希律王为罗马皇帝庆典的日子，来到希律王官邸求情，希律王身穿朝服，坐在王位上，给他们训话。求情的人们谄媚希律王，赞颂道："这简直就是上帝的声音呀！"

希律王听了，得意洋洋。上帝见状大为恼怒，派出使者惩罚希律王。希律王顿时感到浑身被千万条虫子撕咬，他痛苦不堪，连连惨叫，不久就一命呜呼了。

圣彼得——耶稣最得意的门徒

从恶徒到圣徒：扫罗新生

天使，犹太教、伊斯兰教和基督教中关于天使的概念十分相近，他们是侍奉神的灵，神差遣他们来帮助需要拯救的人，传达神的旨意，是神在地上的发言人。天使的外形是人形（即是神的形状），会在身上发出光辉，头顶上方有光环，背后长有翅膀。

扫罗是一名虔诚的犹太教信徒，在司提反被处死当天，扫罗也在现场，看到司提反被处死，扫罗很高兴。他为了帮助犹太教彻底清除基督信徒，带人到各家各户搜查，将信徒们搜捕下狱。耶路撒冷的基督教会，遭到了犹太教领袖们的疯狂迫害。除了十二名使徒以外，门徒都分散在犹太和撒马利亚各处。扫罗找到大祭司，自告奋勇，要求大祭司给他发一个文书，他要到大马士革的各个会堂，搜捕基督信徒，无论男女老幼，一律捆绑押解回耶路撒冷。

大祭司应允了扫罗的请求，他拿着大祭司的文书，动身前往大马士革。临近大马士革时，忽然从云层中透出一团亮光，将扫罗笼罩。这种突然出现的奇异景象，让扫罗感到十分惊慌，他不由自身地匍匐在地。这时候有声音对他说："扫罗，扫罗！你为什么逼迫我？"

扫罗问道："主啊，你是谁？"

那声音说："我就是你所逼迫的耶稣。起来！进城去，你应当做的事，必有人告诉你。"

和扫罗一起同行的人站在那里，只听见扫罗和人说话，却看不到扫罗和谁说话，也听不懂说话的内容，惊骇地站在那里呆若木鸡。

扫罗从地上起来，睁开眼睛，发现什么也看不见了。有人拉他的手，领他进了大马士革。就这样三天过去了，扫罗不能看东西，也吃不下饭、喝不下水。

当时，在大马士革有一个门徒，名叫亚拿尼亚。这天晚上，耶稣降临在亚拿尼亚身前，呼喊他的名字："亚拿尼亚。"亚拿尼亚匍匐在耶稣脚下说："我的主，您有什么旨意，我听着呢。"

耶稣对他说："你起来吧！在犹太的家里住着一个客人，名叫扫罗。他双眼看不见东西了，你用手按在他身上为他祈祷，他就能看见东西了。"

扫罗迫害基督徒的恶名远扬，亚拿尼亚早就听闻他的名声，痛恨万分。听耶稣

保罗归宗

这么吩咐，他疑惑地问："主啊，这个人在耶路撒冷迫害您的圣徒，做尽了坏事。他这次来大马士革，就是前来捉拿圣徒的，您怎么还要我去救助他呢？"

耶稣说道："你只管去。他是我选定的圣徒，要在外邦人和以色列人面前宣扬我的名。"

亚拿尼亚动身找到了扫罗，把手按在扫罗身上说："兄弟扫罗，在你来的路上向你显现的主，指使我来，叫你能看见，并被圣灵充满。"

言罢，扫罗惊喜地发现自己又能看见东西了。他匍匐在亚拿尼亚脚下，感激万分，发誓要做主的虔诚信徒。

第二天，扫罗接受了洗礼，他和大马士革的门徒一起住了几天，一同宣扬上帝的福音。他在各个会堂高声宣讲："相信我吧，耶稣就是上帝的儿子！"

大祭司对扫罗的“叛变”大为羞恼，他指派人守候在城门，伺机暗杀扫罗。门徒用框子将扫罗从城墙下缒了下去，扫罗才得以逃命。到了耶路撒冷之后，所有的信徒都厌恶扫罗以前的名声，不愿意和他结交，只有巴拿巴信赖他，带领他去见使徒。

就这样，一个伟大的基督信徒“出世”了。

随后，扫罗改名保罗。保罗为了躲避犹太教领袖的迫害，到大数避难去了。

扫罗，这个曾经热衷于迫害基督徒的人悔改后，为其他观望的人树立了榜样。同时，也使得犹太教领袖信心大减、元气大伤，基督教会也因此获得了一段较为平安的日子。

小贴士

谢扶雅(1892—1991)，中国基督教宗教哲学家、著述家，浙江绍兴人。幼年熟读中国传统文化经典，深受中国传统思想及佛教影响。青年时期先后留学于日本的高等师范学校、立教大学，美国的芝加哥大学、哈佛大学。在日本立教大学学习期间，受洗礼于圣公会。曾任岭南大学、中山大学、金陵大学、东吴大学和湖南国立师范学院教授。著有《基督教与中国》、《基督教与中国思想》、《巨流点滴》等多部学术专著。

巴耶稣的眼睛和使女身上的鬼

为躲避犹太人的迫害，好多基督信徒逃往安提阿，安提阿教会日益兴盛起来。

在安提阿教会中，保罗和巴拿巴是比较出名的先知和教师。这一天，保罗和巴拿巴受教会指派，到罗马各地布道。他们到了帕弗，遇见了一个有法术、冒充先知的犹太人，名叫巴耶稣。巴耶稣是方伯士求保罗的朋友。士求保罗是个通达人，当天得知保罗和巴拿巴在本地布道的消息后，虔诚地将他们请来，要听上帝的福音。

巴耶稣害怕保罗和巴拿巴的传道会影响他在本地的权威，于是他在两人身上使出法术，企图阻挡二人在士求保罗面前布道。这时候，保罗被圣灵充满，定睛看着巴耶稣，说："你这充满各样诡诈奸恶，魔鬼的儿子，众善的仇敌，你混乱主的正道还不止住吗？现在主的手加在你身上，你要瞎眼，暂且不见日光。"

主在何方

保罗言罢，巴耶稣突然两眼昏黑，看不见东西了。他双手摸索着，团团转着，求人拉着他的手走了。

方伯亲眼看见保罗施行神迹，对上帝更是敬仰万分，成了一名虔诚的基督徒。

保罗和巴拿巴第一次布道旅程结束后，时隔不久，就和另一位先知西拉，再次踏上了布道的旅程。他们来到腓立比，迎面跑来一个巫鬼附身的使女，这是使女的主人让巫鬼附在使女身上，到街上骗钱。使女看见了保罗和西拉，跟在他们身后不停地喊道："你们都来看呀，这两个人是上帝派来的，专门讲解救人的道理。”一连好几天，使女跟在他们后面喊叫，保罗心里十分厌烦，对使女大声说道：“我奉耶稣基督的名，吩咐你从她身上出来！”附在使女身上的鬼当时就出来了。

使女的主人见保罗破了他们的法术，没有了获利的指望，便揪住保罗和西拉，将他们带到长官面前指控道：“这两个人原是犹太人，竟然骚扰我们的城市，还在这里传道，这些宗教是我们罗马人所不能接受的。”

跟随使女主人一起来的罗马人，一起攻击保罗二人。长官吩咐脱了他们的衣裳，用棍打；打了几十棍后，就把他们关进监狱里，嘱咐狱卒专心看守。

当天夜里，保罗和西拉在狱中高唱赞美诗，一边唱诗一边祷告。牢内的囚犯侧耳倾听。突然间，大地一阵颤动，监牢的地基都摇动了，所有的监门大开，囚犯的锁链镣铐也松开了。狱卒被惊醒，看到监门全开了，以为囚犯已经逃走，拔刀要自杀。保罗大声呼叫说：“不要伤害自己！我们都在这里。”

狱卒叫人拿灯来，跳进内监，虔诚地将他们领了出来，战战兢兢俯伏在保罗、西拉面前：“两位先生，我们当怎样才能得救？”二人对他们说道：“你们虔诚信奉上帝，你们全家就能得救。”于是，狱卒将他们带了出去，治疗了他们的伤，并且将他们带回家，预备了晚饭。他们就给狱卒全家布道、施洗。之后，狱卒又将两人带回内监。

第二天，长官得知保罗是罗马人，于是差人释放了保罗一行人。

使女之所以让保罗厌烦，是因为巫鬼在宣告保罗正在行使的事情。保罗害怕人们认为他的福音是和巫鬼的邪灵有联系的，这样会破坏他所传扬的信息，影响人们的信心。

小贴士

徐宝谦(1892—1944)，浙江上虞龙浦乡江沿村人。1913年受洗加入基督教。曾任北京基督教青年会干事、燕京大学哲学院院长，沪江大学、震旦大学、华西大学教授，任全国基督教青年会总干事。

千夫长三救圣保罗

教堂也称礼拜堂，基督教举行宗教仪式的建筑物。教堂创建于公元4世纪，当时基督教被罗马定为国教。

保罗在亚细亚四处传道，受到信徒们的虔诚信服。五旬节前，保罗在米利都住了几天，打算在五旬节赶到耶路撒冷。临行之前，保罗召集教众作了长篇演讲，最后他说道："现在我往耶路撒冷去，心甚迫切，不知道在那里要遇见什么事。

保罗递交天国的钥匙

只知道圣灵在各城里向我指证，说有捆锁与患难等待我，以后不能再见我的面。”

人们听罢，纷纷跪下来，痛哭祈祷，劝说保罗不要离开，但保罗决心已定。

保罗行至该撒利亚，在信徒腓利家过宿，遇见了从犹太来的先知亚迦布，亚迦布预言保罗到耶路撒冷必定要被捆绑逮捕。随行人员再次苦劝保罗不要去耶路撒冷了，保罗说道：“我为了上帝的信仰，即便被捆绑下监也心甘情愿！”

一行人到了耶路撒冷，保罗给教众们讲述了在外邦传教的经过，然后到圣殿献祭、布道。从亚细亚回来的犹太人看到保罗，煽动犹太教的教众抓捕保罗：“这人在外地到处游说，践踏我们神圣的律法，并且还带着不洁的外邦人来玷污圣殿！”人们一拥而上，将保罗拖出了圣殿，想趁乱打死他。

有人去军营报了信，千夫长闻讯赶来。他用铁链将保罗锁住，带到了军营中的营楼上。众人簇拥着跟在后面，狂呼乱叫：“打死他，打死他！”众人喧闹着，甩掉衣服，弄得灰尘飞扬，表达他们的愤怒。

千夫长询问他犯了什么罪，保罗说：“我没有犯罪，我只是信奉上帝，被犹太人迫害罢了！”

营楼下的犹太人听了保罗的话，更加愤怒，沸腾起来。千夫长怕出乱子，命人用鞭子抽打保罗来平复人们激动的情绪。保罗辩解道：“我是罗马人，没有经过公审，凭什么鞭打我？”

行刑的百夫长听闻此言，赶紧禀报千夫长，千夫长说：“你真是罗马人吗？我的罗马籍是用银子买来的。”

保罗说：“我生来就是罗马人！”千夫长听后，就不敢再鞭打他了。

第二天，千夫长、祭司长和全体公会人员一起会审保罗。保罗极力为自己辩护，揭露犹太教领袖迫害基督教徒的卑劣行径。在场听审的犹太人恼羞成怒，趁机暴乱。千夫长害怕保罗在混乱中被杀，急忙吩咐兵丁将保罗带了回去。

当天夜里，40个激进的犹太人密谋要杀害圣保罗。他们对祭司长发誓：“不杀死圣保罗我们就绝食！”保罗的外甥得知这个阴谋后，就跑到营楼报信。于是，千夫长吩咐200名步兵、200名长枪手、70名骑兵，连夜将保罗护送到该撒利亚，转交给总督腓力斯审理此案。

当时和保罗同行的有马其顿教会的所巴特、亚里达古、西公都，加拉太教会的该犹和提摩太，亚西亚的推基古和特罗非摩。他们代表不同地区的外邦教会将捐款送往耶路撒冷，救济该处贫苦的信徒。保罗之所以急于到耶路撒冷过五旬节，一方面要将捐款交与当地教会，另一方面要让犹太的基督徒知道他尊重摩西律法——保罗不是无律法主义者，他只是认为得救与遵守律法无关。

保罗上诉罗马皇帝

教父有两层意思，第一层意思是“教会的父老”，指在神学上具有权威的早期作家；第二层意思和“教父教母”中的教父意思一样。

保罗被押至总督大牢五天后，大祭司和几个长老带着律师帖土罗，从耶路撒冷来到该撒利亚，向法庭控告保罗。律师帖土罗巧舌如簧：“尊敬的腓力斯大人，我们在您的领导下得以永享太平，我们感谢不尽。但是保罗，就像瘟疫一样到处鼓动犹太人作乱，而且还想玷污圣殿。”

和帖土罗一起来的犹太人随声附和：“他说的全是实情，我们作证！”

保罗辩解道：“腓力斯大人，只要您调查一下就能澄清事实。我到耶路撒冷做礼拜到今日，不过十二天。谁见过我在殿里，或是在会堂里，或是在城里，和人辩论，鼓动人们作乱呢？不过我向您承认，我就是他们所认为的异端的道，但我行止端正、合乎律法，劝说人们向善。请问我犯了什么罪呢？”

最后的审判

腓力斯也明白基督教徒是不会骚扰社会、鼓动作乱的。他含含糊糊地说：“这个案子暂且放下，以后再议。”他暗自吩咐百夫长看守保罗，并且宽待他，允许亲友前来探望。几天后，腓力斯和他夫人一起请保罗给他们宣讲基督教义。当保罗讲到公义、节制和将来的审判时，腓力斯感到恐惧，说：“你先回去吧！我有时间再听你讲。”

在保罗关押期间，腓力斯经常请他谈论教义。就这样过了两年，新任长官非斯都接替腓力斯的职务，在交接期间，腓力斯为了讨好犹太人，依旧将保罗关在监狱里。非斯都上任刚刚三天，就从该撒利亚到耶路撒冷去巡视。祭司长和犹太人的首领听闻新任总督来了，纷纷前来面见非斯都，控告保罗，请求把他押解到耶路撒冷，企图在半路埋伏，杀死保罗。

非斯都要求他们指派几个人和他一起去该撒利亚会审保罗。就这样，祭司长和长老们又随从非斯都来到该撒利亚，老生常谈指控保罗触犯法律、玷污圣殿和意图造反。保罗据理力争，非斯都找不出保罗犯罪的证据，为了讨好犹太人，就问保罗说："你愿意去耶路撒冷？"

保罗说道："我要上诉罗马皇帝该撒(即凯撒)，只有在他那里，才是我应该受审的地方。我从来没有做过什么罪恶的事，这你也是知道的。他们所告我的事，都是无中生有、凭空捏造，所以我要上诉该撒大帝，反对将我交给他们审理。"

非斯都和他身边的谋士，以及高级行政官员和较年轻的随员商议了一会儿，说道："我们允许你上诉至该撒大帝。"

时隔不久，亚基帕王来到该撒利亚和非斯都会晤。非斯都知道亚基帕王熟悉犹太宗教事务，于是就保罗案予以咨询。非斯都向亚基帕王说明案情后，说道："我查明他没有犯什么该死的罪，并且他已经上诉于罗马皇帝了，所以我决定将他押送罗马。但我认为，解送囚犯，不指明他的罪案是不合理的。"

亚基帕王让保罗在他面前自我辩护，保罗借机向这个罗马的高级官员布道，讲述了自己如何见证耶稣的神迹、如何在感召下成了基督徒，陈述了犹太教领袖迫害基督徒的事实。亚基帕王听了，也认为保罗无罪，对非斯都建议："尽管查不出他犯了什么罪来，也只能释放了。但他已经上诉到了罗马皇帝那里，不妨将他押解到罗马去。"

非斯都听从了亚基帕王的建议。

在当时，所有的罗马公民都有向罗马皇帝上诉的权利。但这并不代表罗马皇帝会亲自审理，而是要交给全国最高法院审理。非斯都之所以同意保罗上诉，他认为这是让保罗离开的好方法，可以平息犹太人的情绪。而保罗上诉的主要目的，是想将基督的福音传播到罗马去。

小贴士

顾子仁(1887—1971)，中国基督教学生运动活动家，上海人。曾任基督教青年会全国协会副总干事，世界基督教学生同盟巡回干事、主席，1948年后在美国任教，卒于美国。

到罗马去

教区，原意“区域”。基督教一些施行主教制的教会，主教所管辖的行政区域，称之为教区。

保罗由一个叫犹流的百夫长押解，乘船沿着亚西亚一带海边，踏上了前往罗马的旅程。

在海上航行了几天后，已经过了禁食的节期，海风大了起来，天空经常乌云密布。那时候海上航行没有罗盘，只能靠夜间观察星象确定航线。乌云遮住了星星，航行很危险，保罗对众人说：“我看这次行船，不但货物和船会受损、遭破坏，连我们的性命也难保。”

但是没人听从保罗的忠告，加之在海上无法过冬，更多乘客赞同到非尼基去。非尼基是克里特的一个海口，一面朝东北，一面朝东南。这时刮起了南风，他们顺风起锚，向非尼基驶去。

没多久，海上狂风大作，巨浪翻滚。众人无法控制航向，只好任由船随风飘荡。第二天，迫于风浪的威逼，众人就把货物抛到海里；到了第三天，他们又将船上暂时用不着的器具抛弃了。一连数天天气阴沉，太阳和星星都不露面了。面对狂风巨浪，人们都感到绝望。保罗

福音降临

安慰大家说："请大家放心，我们都没有性命之忧，不过这艘船恐怕保不住了。我侍奉上帝，昨晚上帝遣派使者告诉我：'保罗，不要害怕！你必定站在该撒面前；并且与你同船的人，神都赐给你了。'所以，你们尽管放心好了。我们可能要落脚在一个岛上，耽搁些日子。"

到了第十四天夜里，船依旧在亚得里亚海飘来飘去。到了夜半十分，水手们放出救生艇要逃命，保罗说："你们只有在船上才能保住性命，否则必会葬身大海。"水手们不理会保罗的忠告，执意要走，最后被海浪吞没了。

天亮的时候，人们因为担惊受怕，吃不下饭。保罗安慰他们："我劝你们吃饭，这是关乎你们性命的事；相信我，你们会毫发无伤，都能活命。"说完，保罗拿着饼，在众人面前祷告，撕开让人们吃了。当时，船上一共有 276 个人。

船行至一个海岛旁边搁浅了，船头卡住不动，船尾被巨浪拍坏了。士兵们将麦子扔到了海里面，船还是动不了，最后他们建议将囚徒杀死，避免他们入水逃脱。那时候的法律规定，如果囚徒逃脱，士兵要判处死刑。

百夫长为救保罗，不赞成他们的做法。他命令会水的士兵，跳下水游上岸，其余的人用木板划水上岸。这样，船上的人都得救了。这个海岛的名字叫马耳他，岛上的居民对他们十分热情。他们在岛上居住了三个月，保罗给岛上的居民治病、布道，受到了岛民的尊敬。当他们搭乘过路船要离开时，岛上居民都表现得依依不舍。

到达罗马后，保罗请犹太人的首领前来会面。保罗给他们宣传上帝的福音，但是收效甚微。看着福音再次被犹太人弃绝，保罗十分失望，自此之后，他将精力放在为外邦人传道上。

保罗在罗马被软禁了两年后获释。他在罗马期间，为福音的传播和基督教的发展作出了巨大贡献。

保罗坚持认为耶稣的福音不应限于犹太人，也该向非犹太人传道，所以受到了强烈的抨击。传教对象的争议导致保罗开始向非犹太人传播福音。他在地中海各地进行了三次传道之旅，足迹遍及小亚细亚、马其顿、希腊及地中海东部各岛，共计 12 000 余里，他还在外邦人中建立了许多教会。期间被关押两年，他出狱后再次往各地传教，后被罗马皇帝尼禄处死。保罗是第一个去外邦传播福音的基督徒，他被历史学家公认是对于早期基督教会发展贡献最大的使徒，可称为基督教的第一位神学家。